D1694302

Annye Davidas

ist in Oberkochen geboren und keinen Tag älter als 49 Jahre. Zumindest gibt sie mehr nicht zu ... Die heute in Aalen ansässige Baden-Württembergerin und anerkannte Globetrotterin – nicht nur von Berufswegen – ist gelernte Kauffrau und im Bereich Finanzen tätig.

Sie hat eine Tochter und eine Enkelin. Ihre Hobbys sind Malen, Handarbeit, Reisen – und natürlich das Schreiben, in dem sie ihre Leserinnen und Leser immer wieder durch eine humorig-unterhaltsame Sprache besticht.

Allen Frauen, die mit Leidenschaft der Kochkunst erliegen , um ihren Noch-Ehemännern, Lebensabschnittspartnern oder Partnern den Gaumen zu kitzeln ...

Was gibt es heute zum Essen, Schatz?

Von Popeye-Pasta bis
Schmunzel-Geschichten vom Kochen

von

Annye Davidas

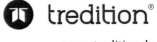

www.tredition.de

Impressum

© 2011 Annye Davidas

Umschlaggestaltung, Illustration: DK Agentur/Dietlind Koch-Fecke
Lektorat/Korrektorat, Layout/Gestaltung/Textdesign, Produktion:
DK Agentur/Dietlind Koch-Fecke

Verlag: tredition GmbH, Mittelweg 177, 20148 Hamburg
Printed in Germany
ISBN: 978-3-8424-6763-7

Das Werk, einschließlich seiner Teile, ist urheberrechtlich geschützt. Jede Verwertung ist ohne Zustimmung des Verlages und des Autors unzulässig. Dies gilt insbesondere für die elektronische oder sonstige Vervielfältigung, Übersetzung, Verbreitung und öffentliche Zugänglichmachung.

Bibliografische Information der Deutschen Nationalbibliothek:
Die Deutsche Nationalbibliothek verzeichnet diese Publikation in der Deutschen Nationalbibliografie; detaillierte bibliografische Daten sind im Internet über http://dnb.d-nb.de abrufbar.

INHALTSVERZEICHNIS

Vorspeise
WAS GIBT ES HEUTE ZUM ESSEN, SCHATZ?

Menü „Délicieux"
MAN NEHME ...

Vorspeise

WAS GIBT ES HEUTE ZUM ESSEN, SCHATZ?
Graupen und Linsen

L iebe Leserinnen,

die Sache mit dem „Schatz" können sich die werten Ehegatten sparen. So etwas speichert nicht einmal Word als Titel. Na ja, „Schatz" schon noch, aber das Fragezeichen nicht mehr.
Also: Was soll diese Frage?
Diese Frage ist unzulässig. So sieht es doch aus.
Liebe Männer, Ihr seid ja bezaubernd, also in einem gewissen Rahmen. Doch die Frage, was es denn zum Essen gibt, die nervt!
Und zwar gewaltig!
Fragen wir Euch, wieviel Geld Ihr heute verdient habt?
Nein! So etwas fällt uns Frauen nicht ein. Uns reicht der monatliche Kontoauszug.
Daraus ermitteln wir dann das Budget fürs Essen.
Wie das geht? Nichts einfacher als das.
Wir nehmen das, was noch übrig ist, nachdem sich alle bedient haben. Aus den Brosamen sollen wir dann ein Festtagsmenü kochen. Und zwar täglich.
Liebe Frauen, ich weiß nicht, wie es Euch geht. Aber mir reicht es!
Vorgestern gab es Geschnetzeltes mit Champignons und Rösti, gestern gab es Schweinehalssteak mit einem gemischten Salat.

Die Reaktion meines Noch-Ehemannes: „Schon wieder Schwein! Du weißt doch, daß Schweinefleisch ungesund ist. Willst Du mich umbringen?"

Selbstverständlich. Wenn das mit Essen geht, warum nicht?

Mord führt meist zwangsläufig zu längeren Haftstrafen. Also nein! SO weit würde ich nun nicht gehen wollen.

Der Gefängnisfraß soll ja auch nicht so toll sein. Diese Erkenntnis gewann ich allerdings nur aus Filmen. Filme sind ja reine Fiktion. Wenn jemand weiß, welche kulinarischen Köstlichkeiten im Gefängnis serviert werden, lasse er es mich wissen.

Wenn ich so in mich gehe und den Speiseplan meiner Mutter Revue passieren lasse, dann kochte und kocht sie im wesentlichen Suppen.

Versteht mich jetzt nur nicht falsch! Meine Eltern sind immerhin seit über 50 Jahren verheiratet. So eine Suppenküche schweißt wohl irgendwie zusammen. Daran besteht kein Zweifel.

Nehmen wir mal so eine gemeine Graupensuppe. So etwas kennt ja heutzutage kaum noch jemand.

GRAUPENSUPPE
Man nehme einfach folgende Zutaten:

200 g Perlgraupen
1 Stange Lauch
2 Möhren
2 Kartoffeln
1/4 Knollensellerie (NICHT jedermanns Sache)
1 Zwiebel
Suppenfleisch oder eine Beinscheibe
Petersilie
Salz und Pfeffer
Öl
Maggi-Würze

Zuerst wird das Fleisch in Salzwasser gekocht. Nein, eine Aufsicht ist nicht erforderlich, sobald die richtige Köcheltemperatur gefunden ist.

Danach brate man die kleingeschnittene Zwiebel in Öl an, füge die in feine Scheiben geschnittenen Möhren und den ebenso geschnittenen Lauch hinzu. Wenn alles feine Röst-Aromen angenommen hat, kommt das ca. 45 Minuten gekochte und klein geschnittene Fleisch hinzu. Sobald das Fleisch leicht Farbe angenommen hat, wird mit der Fleischbrühe aufgegossen. Die in geviertelte und in dünne Scheiben geschnittenen Kartoffeln kommen hinzu. Danach folgen die Graupen. Es soll ja eine Graupensuppe geköchelt werden. Schön salzen und pfeffern. Aufkochen lassen und dann 20 Minuten auf niedriger Flamme vor sich hinköcheln lassen. Am Schluß kommt noch gehackte Petersilie hinzu.

Die Graupensuppe serviere man in tiefen Tellern von „Butlers" (find ich klasse). Sehr schön ist da übrigens, wie ich meine, die Produktlinie „Eaton Place". Dies nur mal nebenbei bemerkt ...

Keinesfalls sollte die Maggi-Würze fehlen. Sonst schmeckt die Suppe nicht.

Meine Damen, die Schnipselei dauert vielleicht zehn Minuten, ansonsten köchelt sich die Suppe sozusagen von selbst.

Der Zeitaufwand beträgt höchstens 70 Minuten. Währenddessen könnt Ihr Euch die Fingernägel lackieren. Also wirklich!

Nun zu einer weiteren beliebten Suppe, Marke Linseneintopf.

LINSENSUPPE
Man nehme:

200 g Linsen
1 Beinscheibe oder Suppenfleisch
1 l Fleischbrühe
1 Stange Lauch
2 Möhren
2 Kartoffeln
1 Zwiebel
2 Scheiben geräucherter Speck
Salz, Pfeffer, Öl

Die Linsen müssen über Nacht in warmem Wasser eingelegt werden. Linsen sind ziemlich hart. Das gilt auch für Erbsen.

Kocht das Fleisch ca. 45 Minuten in Salzwasser.

Dafür müßt Ihr nicht daneben stehen, sobald die richtige Temperatur gefunden ist, köchelt das Fleisch von ganz alleine.

Dann nehmt einen zweiten Topf, gebt Öl hinein und erhitzt es. Währenddessen schneidet Ihr die Zwiebel in kleine Stücke, die Möhren und den Lauch in dünne Scheiben, und bratet alles an. Ihr schält die Kartoffeln und viertelt sie, um sie anschließend auch in dünne Scheiben zu schneiden. Sobald das Gemüse Farbe hat, gießt Ihr mit der Fleischbrühe auf. Anschließend fügt Ihr die Linsen, das in kleine Würfel geschnittene Fleisch und die rohen Kartoffelscheiben hinzu.

Aufkochen lassen und dann bei niedriger Flamme 20 Minuten köcheln lassen. Am Schluß bratet Ihr noch den geräucherten Speck knusprig an, gebt ihn auf die angerichteten Teller – fertig. Maggi-Würze und Hengstenberg-Essig auf den Tisch und schon kann die Suppe genossen werden!

Auch hier gilt: Die 20 Minuten Kochzeit könnt Ihr nutzen, um Euch die Fingernägel zu lackieren, ein Bad zu nehmen oder eine Kochsendung anzusehen. Na ja, bei letzterem eher die Hälfte der Sendung. Die Formate sind auf 45 Minuten ausgerichtet. Nur Biolek hat kapiert, daß Kochen in 25 Minuten möglich ist und das Essen auf dem Tisch stehen muß. Bei den heutigen Kochsendungen empfehle ich die letzte Hälfte. In der ersten Hälfte passiert eh nichts oder wenig.

„Wie heißen Sie, wo kommen Sie her? Was kochen Sie? Aha, interessant. Und wie?"

Als Lieblingsgericht wird dann Risotto mit frischen Pfifferlingen im März geköchelt.

Meine Damen! Nicht mit uns!!!

So etwas sprengt doch unser Budget.

Laßt Euch ja nicht zu solchem Unsinn hinreißen!

Mutters Graupen-, Erbsen oder Linsensuppe schlägt so etwas bei weitem! Graupen, Erbsen und Linsen kennen keine Saison. Die gibt es immer.

Ach ja, und jetzt kommt mir ja nicht mit dem Preis!

Natürlich ist eine Dosensuppe günstig. Nur ... WAS ist denn da drin? Drei Fleischbröckchen von unbekannter Herkunft. Die Kartoffeln sind verkocht und Lauch oder Möhren gibt es in homöopathischen Dosen.

Eure Eitelkeit verbietet es euch natürlich, dabei eine Lesebrille aufzusetzen ...

SO war ich auch einmal unterwegs.

Was passierte? Ich kaufte Lebensmittel, deren Verfallsdatum überschritten war.

Ich räume ein, daß man den Inhalt, der auf den Verpackungen angegeben ist, überhaupt nicht lesen kann. Weder ohne noch mit Brille. Das gilt auch für Arzneimittel. Sowas ist doch lebensgefährlich!

Jedenfalls rufe ich Euch zu, liebe Mitstreiterinnen am Kochherd: Ihr könnt es schaffen!

Außerdem gilt immer noch: So eine selbstgemachte Suppe schmeckt erst richtig gut, wenn sie aufgewärmt wird.

Kurzum, Ihr spart wahnsinnig viel Zeit! An einem Tag investiert Ihr so etwas wie 20 Minuten und letztendlich habt Ihr nur zehn Minuten gebraucht, wenn man das auf zwei Tage verteilt.

Heute kam mein Noch-Ehemann nach Hause und fragte wie immer: „Was gibt es heute zum Essen, Schatz?"

Ich antwortete völlig entspannt: „Graupensuppe."

Er: „Also nein, oder? Das ist doch so ein Kriegsfraß! Weib, es kann ja sein, daß ich nicht SO viel verdiene. Aber Graupensuppe ist wohl das Letzte!"

Ich schluckte und sprach liebsäuselnd: „Jetzt probiere das doch einfach einmal. So ganz ohne Vorurteile."

Mein Noch-Ehemann schnappte sich die Maggi-Würze. Er nahm den ersten Löffel Graupensuppe.

„Du hast Dich selbst übertroffen! Wahnsinn! Das schmeckt genauso wie bei meiner Oma! Klasse! Kannst Du das öfters kochen?"

Aber selbstverständlich.

Liebe geht halt doch durch den Magen, und es ist immer gut, wenn die liebende Ehefrau weiß, was die Mutter und was die Omas so für den geliebten Ehegatten köchelten.

Informiert Euch und lest nächste Woche treu meine Kolumne, wenn es wieder heißt: „Was gibt es heute zum Essen, Schatz?"

WAS GIBT ES HEUTE ZUM ESSEN, SCHATZ?
Gulaschsuppe I

L iebe Leserinnen,

es hat mich sehr gefreut, daß ich so viele Zuschriften von Euch erhielt.

Viele wußten nicht, was Graupen sind. Meist werden sie aus Gerste hergestellt. Am besten sind die runden Perlgraupen.

Fragt Eure Mütter oder Omas. Am besten Ihr fragt die Mütter oder Omas Eurer Noch-Ehemänner, Lebensabschnittspartner oder Freunde.

Geschmacksnerven werden in der frühen Kindheit entwickelt. Wenn die Mutter des Mannes, der bei Euch zu Hause rumhängt, den Kopfsalat mit Milch anrichtete, dann bleibt Euch nichts anderes übrig, als das auch so zu machen.

Das ist zugegebenermaßen eklig. Leider habt Ihr keine Wahl. Ihr könnt höchstens noch zwei Zubereitungsarten anbieten, eine für besagten Mann, die andere für Euch.

Viele haben sich echauffiert, weil ich in meiner ersten Kolumne von meinem Noch-Ehemann sprach.

Ob ich mich scheiden lassen wolle, das war die meist gestellte Frage.

Das ist wieder einmal typisch, meine Damen!

Anstatt Euch mit Ernährungsfragen zu beschäftigen, beschäftigt Ihr Euch lieber mit zum Scheitern verurteilten Beziehungskisten!

Mir fehlen die Worte ...

Die Scheidungsquote liegt in den Städten bereits bei 50 %. Dabei handelt es sich wohlgemerkt um die Paare, die es überhaupt bis zum Standesamt geschafft haben.

Mich würde mal interessieren, wie hoch die Trennungsquote bei Beziehungskisten insgesamt liegt. Darüber schweigt die Statistik natürlich. Da käme dann so etwas heraus wie: 80 % der Beziehungskisten scheitern. Und ja auch dies: Männer und Frauen passen nicht wirklich zusammen.

Nun zurück zu meinem Noch-Ehemann und meiner Noch-Ehe.

Ich kann Euch beruhigen, eine Scheidung steht gerade nicht an. Das bedeutet allerdings nicht, daß das so bleiben muß. Schreibt mir doch bitte, wenn Ihr noch glücklich verheiratet seid, und warum.

Das würde mich jetzt persönlich interessieren.

Sogar beim Adel scheppert es doch ohne Ende, obwohl diese Ehen ja sozusagen handverlesen sind. Dabei wird jedenfalls nichts dem Zufall überlassen.

Da sind Genspezialisten und Blaublutkenner am Werk. Danach kommt noch der Hofastrologe zu Wort und erst dann kann die Jahrtausendtraumhochzeit beim Hochadel vor einem Milliarden-Publikum stattfinden.

Bei der Scheidung ist das Interesse dann deutlich geringer. Naja, die Scheidungen werden auch nicht öffentlich verhandelt. Die Scheidungsanwälte des Hochadels sind ziemlich diskret. Außerdem können sie sich auf Eheverträge stützen, die dem gemeinen Volk die Haare zu Berge stehen lassen würden.

Also, meine Damen, keine Sorge, ich trage mich (noch) nicht mit Scheidungsplänen. Jedoch könnt Ihr mir glauben: Ich bin Realistin.

Was mir jedoch ziemlich auf den Geist geht, ist diese blöde Frage: „Was gibt es heute zum Essen, Schatz?"

Wir wollen diese Frage einmal genau analysieren. Wir Frauen sind ja keine Unmenschen.

Worum geht es?

Primär geht es ums Essen. Und zwar um das heutige Essen. Dem Noch-Ehemann, Lebensabschnittspartner oder Partner geht es nicht um einen Speiseplan für die ganze Woche.

Wenn es in der Werkskantine montags einen Eintopf, dienstags ein asiatisch angehauchtes Gericht, mittwochs Spaghetti, donnerstags Schnitzel und freitags Fisch gibt, dann akzeptiert das Euer Noch-Ehemann, Lebensabschnittspartner oder Partner ohne Murren.

Nur zu Hause gelten anscheinend andere Maßstäbe und ich rufe Euch zu: Ich bin es leid! Ich weiß natürlich nicht, wie es Euch dabei geht.

Mittlerweile denke ich: Noch-Ehemann, wenn Du täglich ein Gourmet-Menü genießen willst, dann verdiene doch einfach etwas mehr Geld. Dann könnten wir jeden Abend ein tolles Restaurant besuchen und für 100-300 Euro wäre die Sache geritzt.

Er würde sich nicht mehr aufregen, wenn seine Ansprüche beim Essen zu Hause nicht erfüllt werden, und ich würde mich nicht mehr aufregen, daß ich seine Ansprüche, von denen ich nur einen blassen Schimmer habe, nicht erfüllen kann.

Neulich waren wir in einem Restaurant, das 150 verschiedene Gerichte anbot. An Auswahl bestand wirklich kein Mangel.

Mein Noch-Ehemann las die Speisekarte rauf und runter. Mehrmals. Dann fragte er mich: Was soll ich denn nun bestellen?

Liebe Leserinnen, da fällt einem doch nichts mehr ein!

Das ist doch wie Lottospielen.

Vielleicht wählt Ihr das passende Gericht, vermutlich eher nicht.

Neulich im Supermarkt traf ich auf zwei Hausfrauen, die genau vor diesem Dilemma standen.

Die Frage: „Was gibt es zum Essen?", ist ja mit der Frage verbunden: „Was soll ich kochen?"

Zurück zum Gespräch im Supermarkt.

„Heidi, mein Oller will mal ‚was anderes' zum Essen. Der hat sie wohl nicht mehr alle! Schon bei Pizza plärrt er, daß er nichts ‚Ausländisches' ißt!"

„Gerdi, das kenne ich. Reg Dich nur nicht auf! Neulich habe ich einmal eine Thaipfanne mit Basmati-Reis, Gemüse, gebratenen Erdnüssen und Kokosmilch zubereitet. Da hättest Du mal Erwin hören sollen! So einen Fraß nehme er nicht zu sich. Das sei undeutsch!"

„Und – was kochst Du heute?"

„Kohlrouladen."

So sieht doch die Welt aus, meine Damen.

Mein Noch-Ehemann verlangte gestern von mir, ich solle einmal etwas „Herzhaftes" kochen. Darunter versteht er etwas mit Fleisch und etwas Schärfe.

Solltet Ihr mit so einem Wunsch konfrontiert werden und davon hängt es ab, ob Eure Beziehungskiste überlebt oder eben nicht, kann ich Euch eine selbstgemachte Gulaschsuppe empfehlen.

GULASCHSUPPE
Man nehme:

2 EL Öl
1 große Zwiebel, gehackt
5 frische Champignons in Scheiben geschnitten
1 kleine Knoblauchzehe, feinblättrig geschnitten
3 Paprikaschoten, rot, grün und gelb entkernt, enthäutet
und gewürfelt
225 g mageres Rindfleisch, gewürfelt
1 EL scharfes Paprikapulver
3 EL Tomatenmark
½ TL schwarzer Pfeffer
250 ml Rinderfond
1 Kartoffel, geschält und gewürfelt
Salz

Keine Angst! Das ist nicht schwer. Es dauert zwar, aber Ihr müßt nicht immer dabei sein, wenn die Gulaschsuppe köchelt.

Zuerst erhitzt Ihr das Öl, gebt die gehackte Zwiebel hinein. Die Champignons putzt Ihr und schneidet sie in Scheiben. Champignons werden nicht gewaschen. Danach folgt die feinblättrig geschnittene Knoblauchzehe. Die Paprikaschoten könnt Ihr vorher bei hoher Temperatur in den Backofen legen und dann schälen. Das geht am einfachsten. Die Haut der Paprika bleibt übrigens ca. vier Wochen unverdaut im Magen oder Darmtrakt oder wo auch immer liegen. DAS verzeiht Euch Euer Noch-Ehemann, Lebensabschnittspartner oder Partner eher nicht ...

Wenn alles schön angeröstet ist, fügt Ihr das Rindfleisch hinzu. Schön anbraten lassen, danach noch das Paprikapulver, das

Tomatenmark, den Pfeffer und abschließend den Rinderfond hinzugeben und köcheln lassen.

Nun habt Ihr zwei Stunden Zeit und könnt Euch „Sinn und Sinnlichkeit" oder „Schokolade zum Frühstück" oder so etwas ansehen.

Allerdings setzt das voraus, daß Ihr währenddessen keine Oberhemden bügeln oder ähnlichen Kram erledigen müßt. Organisation ist alles, meine Damen!

Am Schluß gebt Ihr noch eine in dünne Scheiben geschnittene Kartoffel hinzu. Alles muß noch ca. 30 Minuten köcheln. Die Kartoffel dient im Wesentlichen dazu, die Suppe etwas anzudicken. Zur Abrundung fügt Ihr noch etwas Salz hinzu, falls nötig. Die Suppe darf danach ruhig abkühlen. Aufgewärmt schmeckt sie sowieso besser.

Falls Ihr Mut habt, könnt Ihr noch drei Löffel Schmand hinzufügen. Das ist dann die herzhafte und schmackhafte Suppe, die Eurem Noch-Ehemann, Lebensabschnittspartner oder Partner vorschwebt.

Ich bin schon sehr auf Eure Zuschriften gespannt und hoffe, Ihr lest meine Kolumne nächste Woche wieder, wenn es heißt: „Was gibt es heute zum Essen, Schatz?"

WAS GIBT ES HEUTE ZUM ESSEN, SCHATZ?
Gulaschsuppe II

L iebe Leserinnen,

wieder erreichten mich sehr viele Zuschriften. Dafür danke ich Euch.

Die Sache mit der Gulaschsuppe scheint noch nicht klar zu sein. Sehr vielen war es unbekannt, daß man so eine Gulaschsuppe völlig problemlos selbst kochen kann.

Viele schwören auf ein bestimmtes Dosenprodukt wie zum Beispiel das von Unox, Menzi, Lacroix, Erasco, Sonnen Bassermann, Meica usw. Diese Aufstellung ist keineswegs vollständig. Das sei hier ausdrücklich vermerkt, bevor andere, hier nicht erwähnte Hersteller von Gulaschsuppen in Dosen zu ihren Anwälten rennen, um mich zu verklagen.

In einer meiner vorigen Kolumnen vergaß ich einmal, Maggi-Würze zu erwähnen. Ihr könnt Euch nicht vorstellen, was da los war. In der darauf folgenden Kolumne mußte ich Maggi-Würze fünfmal lobend erwähnen, um einer Klage zu entgehen.

Meine Damen, alle Dosensuppen haben eines gemein: Das Photo auf der Dose hat relativ wenig mit dem zu tun, was sich in der Dose befindet.

Ich habe hier eine Dosensuppe vor mir. Zufällig handelt es sich um eine Gulaschsuppe.

Sagen wir einmal so: Für den NOTFALL sollte man so etwas im Hause haben. Es kann ja sein, Ihr seid krank und könnt gar nichts kochen. Euer Noch-Ehemann, Lebensabschnittspartner oder Freund wird in der Lage sein, so eine Dose zu öffnen, den Inhalt in einen Topf zu geben und die Dosensuppe zu erwärmen.

Ihr müßt ihn nur davon abhalten, die Dose samt Inhalt in den Mikrowellenherd zu stellen.

Überhaupt sollte man die Kochhinweise auf der Dose lesen. Da steht zwar drauf „Zubereitung in der Mikrowelle". Nur geht es dann weiter: Doseninhalt in mikrowellengeeignetes Geschirr füllen. GANZ WICHTIG!

Nachdem viele Männer meinen, Kochanleitungen sind so etwas wie Bedienungsanleitungen für ein technisches Gerät, ist das Lesen selbiger selbstverständlich unter ihrer Würde.

Wenn Ihr den Kauf eines neuen Mikrowellenherdes vermeiden wollt, weil darin eine Suppe in der Dose explodiert ist, empfehle ich dringend, einen verbalen Hinweis an Euren Noch-Ehemann, Lebensabschnittspartner oder Freund zu geben.

Auf dem Photo der Dose mit Gulaschsuppe sehe ich folgendes: eine frische rote Paprika, frische Champignons, Zwiebel und Rindfleisch. Unter dem Schriftzug „Gulaschsuppe" ist eine Suppenterrine mit der Gulaschsuppe abgebildet.

Die Gulaschsuppe enthält viel Fleisch, in Scheiben geschnittene Champignons und Paprika.

Den Herstellern von Dosensuppen muß man eines zugestehen: Die Photos der Gerichte sehen sehr ansprechend aus. Das ist ja logisch, sonst würde niemand so etwas kaufen.

Bevor man die Dose kauft, lohnt ein Blick auf die Zutaten.

Dafür solltet Ihr Euch wappnen, meine Damen, und zwar mit Lesebrille oder gleich einer Lupe.

Die Zutatenliste ist mikroskopisch kleingeschrieben. Fast könnte man den Eindruck gewinnen, die Hersteller möchten nicht, daß die Zutaten bekannt werden, und „Könnte"-Konjunktiv. Keinesfalls behaupte ich hier, daß es die Hersteller darauf abgesehen haben, die Zutaten gegenüber den Verbraucherinnen und Verbrauchern zu verschleiern. Also, jetzt einmal Klartext!

Was befindet sich in der Gulaschsuppe aus der Dose?

Wasser,
14 % Rindfleisch
Zwiebeln
Champignons
Paprika
modifizierte Stärke
Weizenmehl
Zucker
Salz
Branntweinessig
pflanzliches Öl
Gewürze (mit Senf)
Aroma (mit Sellerie, Soja, Ei, Milch)
Hefeextrakt
Wein (mit Sulfit)
Karamell
Verdickungsmittel Guarkernmehl
Milchzucker
Milcheiweiß

Das alles befindet sich in 400 ml Gulaschsuppe, meine Damen! Besonders die Angabe des Fleischgehaltes in Prozent des Doseninhalts ist der helle Wahnsinn.

Bei 400 ml Suppe ergibt das einen Fleischanteil von 56 ml.

Ihr könnt ja mal zum Metzger Eures Vertrauens gehen und sagen: „Ich hätte gerne 56 ml Rindfleisch für zwei Tassen Gulaschsuppe."

Wenn Euch Euer Metzger nicht rauswirft oder in die Klapse einweisen läßt, wird er Euch erklären: „Gute Frau, wir verkaufen Fleisch in Gramm oder noch lieber in Kilogramm."

Was sind denn 56 Milliliter in Gramm? Da könnt Ihr mal googeln. Erfolglos!

Seien wir einmal großzügig und sagen, 56 ml sind 60 g.

Laßt Euch einmal 60 g Rindfleisch zeigen. Ich kann Euch versichern, Ihr werdet nicht viel sehen.

Nun stellt Euch noch vor, das soll für zwei Personen reichen. Ihr werdet herzlich lachen oder weinen, je nachdem, wie Ihr gerade gelaunt seid.

Ihr erinnert Euch, bei der selbstgemachten Gulaschsuppe werden 220 g Fleisch für zwei Personen verwendet, also fast das Vierfache!

Eine Mengenangabe für die Champignons fehlt komplett. Ich kann Euch auch verraten weswegen. Es befinden sich drei oder vier dünne Scheiben in der Dose. Vermutlich springt bei dieser Minimenge keine Waage an.

Um das gleich klarzustellen: Ich stelle lediglich fest, daß die Mengenangabe für die Champignons fehlt. Ich behaupte keinesfalls, daß in der Gulaschsuppe aus der Dose keine Champignons sind. Ganz im Gegenteil. Selbstverständlich sind in der Gulaschsuppe aus der Dose Champignons. So steht es auch auf der Zutatenliste.

Wenden wir uns nun den weiteren Zutaten zu.

In der Gulaschsuppe aus der Dose befinden sich Zwiebeln. Daran besteht überhaupt kein Zweifel, meine Damen. Ihr könnt deutlich fünf oder sechs Zwiebelstückchen in der Gulaschsuppe aus der Dose erkennen.

Bei den roten Paprika ist der Hersteller etwas großzügiger. Ich zählte sage und schreibe zehn Paprikastückchen!

Allerdings muß ich hier an dieser Stelle etwas Wasser in den Wein gießen. Der Paprika ist NICHT geschält. Das führt dann dazu, daß sich leichte Verdauungsprobleme ergeben könnten, wie von mir in meiner letzten Kolumne beschrieben.

Keinesfalls behaupte ich, daß der Verzehr einer Gulaschsuppe aus der Dose zu Verdauungsproblemen führt. Liebe Hersteller von Dosensuppen, legen Sie die Telefonnummer Ihrer Anwaltskanzlei wieder weg.

Meine Damen, Ihr seht, ich bewege mich hier sozusagen auf dünnem Eis.

Bevor ich mich den übrigen Zutaten der Gulaschsuppe in der Dose zuwende, muß ich mich mit meiner Anwältin beraten und abstimmen.

Fortsetzung folgt! Vielleicht ...

WAS GIBT ES HEUTE ZUM ESSEN, SCHATZ?
Kurzgebratenes

L iebe Leserinnen,

recht herzlichen Dank für die vielen Zuschriften zum Thema Gulaschsuppe.

Leider darf ich das Thema Gulaschsuppe aus der Dose nicht weiter verfolgen. Meine Anwältin riet mir dringend davon ab.

Bei Guarkernmehl hört es auf, meine Damen! Dazu sagt man am besten nichts mehr.

Sehen wir den Tatsachen ins Auge: Mit einer Dosensuppe, egal welchen Inhalts, werdet Ihr Euren Noch-Ehemann, Lebensabschnittspartner oder Freund kulinarisch eher nicht beglücken.

Wenden wir uns einmal der Frage zu, weswegen Dosensuppen überhaupt gekauft werden.

Die Antwort liegt auf der Hand: Die Photos auf den Dosen sind durchaus ansprechend. Jeder, der einen Dosenöffner besitzt, bekommt so eine Dose auch auf. Den Inhalt in einen Topf kippen, erwärmen –, fertig!

Kurzum, es ist kinderleicht, geht schnell, ist praktisch und dazu noch preiswert.

Wen diese Argumente überzeugen, greift zur Dosensuppe.

Augenscheinlich gibt es davon ziemlich viele. Wenn man sich im Supermarkt umschaut, gibt es ganze Reihen mit Lebensmitteln in Dosen. Der Inhalt reicht von geschälten Tomaten bis zu Rindsrouladen.

Jedenfalls kann niemand behaupten, es bestünde kein Bedarf. Ohne Bedarf kein Angebot, so einfach geht Marktwirtschaft, meine Damen.

Bevor sich die Wirtschafterinnen melden: Ja, das funktioniert auch andersherum.

Denken wir einmal zurück.

Früher gab es Äpfel, Birnen, Kirschen, Erdbeeren, Pflaumen, Heidelbeeren, Brombeeren, Stachelbeeren, Himbeeren, Weintrauben und als exotische Frucht die Banane. Das Angebot war ziemlich übersichtlich.

Was haben wir jetzt nicht alles? Feigen, Litschi, Mango, Physalis, Rambutan, Karambole, Papaya usw. Das alles begann mit Kiwis aus Neuseeland. Sie schmecken zwar nicht, weil sie selten reif sind, aber sie sind zweifelsohne exotisch.

Nein, meine Damen, mit einem exotischen Obstsalat müßt Ihr es gar nicht erst probieren! Wenn Ihr so etwas Euren Männern vorsetzt, werdet Ihr nur ungläubige Blicke ernten.

„Willst Du mich auf Diät setzen? Meine Vitamintablette habe ich schon geschluckt. Ich will etwas Gescheites zum Essen."

So in etwa fielen die Reaktionen aus.

Dasselbe gilt im Übrigen für einen leckeren gemischten Salat. Mit einem leckeren Salat könnt Ihr Eure Freundinnen, Mütter, Schwestern, Cousinen oder Tanten begeistern, keinesfalls jedoch einen Mann.

„Nettes Grünzeug. Wo bleibt das Essen?"

Was soll ich Euch sagen? Salat zuzubereiten ist ziemlich aufwendig. Da muß ganz schön viel gewaschen, geputzt und geschnipselt werden. Dazu noch die selbstgemachte Salatsauce, ja, das ist richtig viel Arbeit.

Weiß das ein Mann zu schätzen?

NEIN!

Kurzum, meine Damen, diese Mühe könnt Ihr Euch glattweg sparen.

Bevor Ihr Euren Männern dabei zusetzt, wie sie lustlos an einem Salatblatt knabbern, probiert doch einfach folgendes:

Kauft gut abgehangene Rinderfilets à 250 g.

Es ist extrem wichtig, daß die Rinderfilets gut abgehangen sind. Am besten Ihr geht zum Metzger. Das Fleisch aus dem Supermarkt ist meist fast gar nicht abgehangen.

Ihr könnt dann zuschauen, wie das Rinderfilet aus dem Supermarkt in der Pfanne auf die Hälfte seiner ursprünglichen Größe zusammenschnurrt.

Am besten Ihr verwendet Palmin, also ein Fett, was sich gut erhitzen läßt, ohne zu verbrennen.

Gebt etwas Palmin in eine gußeiserne Pfanne und erhitzt das Fett so heiß wie möglich.

Die Filets werden pro Seite zwei Minuten gebraten. Danach kommen sie bei 80 Grad für ca. 25-30 Minuten in den Backofen.

Währenddessen könnt Ihr wieder etwas anderes machen. Kurz Duschen, „Reich und Schön" anschauen oder ähnliches.

Das Fleisch, also das vom Rind, nicht Eures, muß dann 5-10 Minuten ruhen.

Ihr werdet feststellen, daß das Fleisch danach ziemlich kalt ist. Um es auf die Eßtemperatur zu bringen, muß das Fleisch noch einmal in die Pfanne. Aber bitte nur kurz, meine Damen, sonst wird es zäh. Erst am Schluß salzen und pfeffern.

Ihr seht, in kürzester Zeit habt Ihr etwas zubereitet, was Euer Noch-Ehemann, Lebensabschnittspartner oder Freund als „etwas Gescheites zum Essen" bezeichnet.

Zur Beruhigung Eures Gewissens könnt Ihr noch einen Salat als Beilage reichen. Eine Portion ist ausreichend, nämlich die für Euch. Ein Salatblättchen als Deko auf dem Teller mit dem Rinderfilet reicht Eurem Noch-Ehemann, Lebensabschnittspartner oder Freund völlig aus.

Salat wird übrigens tatsächlich überschätzt.

Wir Frauen neigen ja dazu, abends im Restaurant „nur" einen Salat zu bestellen.

Was es zur Folge hat, wenn wir spät abends einen Salat essen?

Jegliche Rohkost ist schwer verdaulich. Unser Magen beginnt also nach dem Verzehr des Salates auf Hochtouren zu arbeiten.

Wir müssen eigentlich schlafen, denn es ist spät. Unser Magen hingegen rumort. Kurzum, an Schlaf ist nicht zu denken.

Außerdem kann man von Salat nicht behaupten, daß er gesund ist. Er schadet nur nicht. So sind zumindest die neuesten Erkenntnisse der Ernährungswissenschaftler.

Vorsicht ist jedoch geboten.

Denn es ist immer wichtig zu wissen, WER so eine Studie in Auftrag gibt.

Sagen wir einmal, Tchibo gibt eine Studie über Kaffee in Auftrag. Das ist jetzt lediglich ein fiktives Beispiel. Tchibo hat natürlich keine Studie über Kaffee in Auftrag gegeben. Das will ich gleich an dieser Stelle klarstellen.

Also, es handelt sich jetzt nur um ein fiktives Beispiel: Tchibo gibt eine Studie über Kaffee in Auftrag. Dabei kommt heraus, daß der Genuß von Kaffee das Leben verlängert. Das ist jetzt natürlich Quatsch.

Ich versuche es jetzt mal anders.

Die Margarinehersteller erklären, anhand einer Studie habe sich herausgestellt, daß der Genuß von Butter gesundheitsschädlich ist.

Ja, so könnte das Beispiel, was mir vorschwebt, funktionieren:

Meine Damen, Ihr erinnert Euch vielleicht, daß die „gute" Butter jahrelang verpönt war.

Im Kühlregal schrumpfte das Butterangebot und das Margarineangebot stieg entsprechend an.

Mittlerweile hat sich herausgestellt, daß genau das Quatsch ist.

Butter ist ein Naturprodukt. Margarine hingegen ist ein industriell hergestelltes Streichfett.

Na, was hört sich wohl besser und gesünder an?

Eben! Weswegen wir dieser idiotischen Studie, daß Margarine gesünder als Butter ist, Glauben schenkten, bleibt wohl ein Geheimnis. Nun, wir wollten ja nichts falsch machen. Alles zum Besten unserer Lieben.

Genau aus dem Grund stopften wir früher unsere Babys mit Spinat voll, weil der angeblich so gesund sein sollte. Stichwort Eisengehalt.

Es ging um 35 mg in 100 g Spinat. Entweder es handelte sich um einen Tippfehler, weil eine Sekretärin ein Komma vergaß oder um ein Mißverständnis, denn 100 g getrockneter Spinat enthält tatsächlich 35 mg Eisen, frischer Spinat hingegen lediglich 3,5 mg.

Sei es drum, wenn jemand viel Eisen zu sich nehmen möchte, muß er Schweineleber essen. Diese ist für Babys eher nicht geeignet. Allerdings ist Schweineleber ein schnelles Gericht für wahre Männer, sofern sie Leber nicht generell ablehnen. Leber ist ja nicht jedermanns Sache.

LEBER MIT APFEL
Dazu braucht Ihr:

2 Scheiben Schweineleber
2 kleine Äpfel
2 Zwiebeln
Mehl
Butterschmalz
Pfeffer, Salz

Äpfel und Zwiebel schälen. Die Zwiebeln in Ringe und die Äpfel in Scheiben schneiden.

Zuerst die Zwiebeln im Butterschmalz leicht anbraten, dann die Äpfel hinzugeben.

Die Leber pfeffern und in Mehl wälzen. Anschließend mit in die Pfanne zum Braten geben.

Achtung! Im Gegensatz zu anderen Fleischsorten wird Leber bei längerem Braten hart wie Schuhsohle. Ihr könnt einen Test machen: Wenn Ihr die Leber mit einer Gabel anstecht und kein Blut mehr austritt, dann ist sie durch.

Ja, ich weiß, das hört sich eklig an. Das Leben ist kein Ponyhof, meine Damen. Doch es gibt Schlimmeres.

Wenn ich da daran denke, einen Karpfen ausnehmen zu müssen … Das ist wirklich eklig!

Aber ich schweife ab.

Wir sind mit dem Rezept ja auch schon so gut wie durch. Am Schluß wird die Leber noch gesalzen. Sie darf keinesfalls vor dem Braten gesalzen werden, weil sie sonst Wasser zieht.

Der Zeitaufwand für dieses Gericht beträgt ca. 10 Minuten, ist also durchaus machbar.

Wenn Ihr über Euch hinausgehen wollt, könnt Ihr noch einen Kartoffelbrei zubereiten.

4-5 Kartoffeln schälen, vierteln und 20 Minuten in Salzwasser kochen, anschließend abgießen.

Die Kartoffeln mit einem Kartoffelstampfer zerstampfen, etwas gute Butter und Milch hinzugeben, mit einer Gabel verrühren, dazu etwas Muskat, einen halben Teelöffel Senf (mehr für die Farbe denn für den Geschmack) und eventuell nachsalzen.

Schon habt Ihr ein Gericht „wie bei Muttern" zubereitet!

Die Herzen Eurer Männer werden Euch zufliegen. Liebe geht ja bekannterweise durch den Magen.

Ich freue mich schon auf Eure Erfahrungsberichte!

In meiner nächsten Kolumne werde ich mich mit dem Thema „Essen im Restaurant" beschäftigen.

WAS GIBT ES HEUTE ZUM ESSEN, SCHATZ?
Essen im Restaurant oder doch in der Imbißbude?

L iebe Leserinnen,

recht herzlichen Dank für die vielen Zuschriften zum Thema Kurzgebratenes.

Viele von Euch haben das Rinderfilet probiert und konnten damit ganz schön punkten. Moni aus Düsseldorf schrieb mir, ihr Noch-Ehemann habe einen Nachschlag verlangt.

Okay, meine Damen, da ist mir bei der Angabe der Portionen ein kleiner Fauxpas passiert. Im Normalfall ißt so ein Mann EIN Steak. 250 g ist ja kein Pappenstiel. Das ist ein Viertel Kilogramm!

Nun gut, ich gebe zu, es gibt wohl Männer, die von Fleisch nicht genug bekommen können. Damit wir uns hier ganz klar verstehen: Ich spreche von gebratenem oder gekochten Rind-, Schweine-, Hühner-, Puten- oder Lammfleisch.

Hier sollen ja keine Mißverständnisse aufkommen.

Wenn Ihr einen Noch-Ehemann, Lebensabschnittspartner oder Freund in Eurer Wohnung beherbergt, der sich im Wesentlichen von Wurst und Fleisch ernährt, muß die Portionsangabe natürlich nach oben korrigiert werden.

Bei dem Rinderfilet nehmt Ihr am besten zweimal 200 g und für die Schweineleber zweimal 150 g. Für ihn.

Wahlweise könnt Ihr auch mit Pommes aus der Fritteuse als Beilage aufwarten. Die sind schön fettig und sättigend. Dazu noch Mayonnaise und bald könnt Ihr Euch über einen kugelrunden Partner freuen.

Ihr habt ja nun gelernt, daß es durchaus möglich ist, in kürzester Zeit ein warmes Essen zu zaubern. Okay, ich gebe zu, bislang ist die Rezeptauswahl noch etwas dürftig. Doch dem kann ich abhelfen.

LEBERKÄSE
Ihr nehmt für eine Portion:

1 Scheibe Leberkäse (grob oder fein) – je nach Hunger 150-200 g
1 Zwiebel
1 Ei
Salz, Pfeffer
Sonnenblumenöl
Bauernbrot

Ihr schält die Zwiebel und schneidet sie in dünne Scheiben oder Ringe. Ihr erhitzt das Öl in einer Pfanne, gebt die Zwiebel hinzu und bratet sie leicht an. Die Zwiebel schiebt ihr an den Pfannenrand und gebt den Leberkäse hinzu. Auf beiden Seiten braten, die Zwiebeln öfters wenden. Wenn der Leberkäse und die Zwiebel schön braun gebraten sind, aus der Pfanne auf einen warmen Teller geben. In der Pfanne nun ein Spiegelei braten und salzen und pfeffern. Das Spiegelei richtet Ihr auf dem Leberkäse mit der Zwiebel an. Dazu reicht Ihr Bauernbrot.

Ich gebe zu, das Rezept ist nicht sonderlich originell. Es handelt sich um ein typisches Wirtshausessen. Eure Männer werden es lieben!

Wobei wir schon beim Thema meiner heutigen Kolumne wären: Essen im Restaurant oder meinetwegen auch im Wirtshaus oder in der Imbißbude.

Es soll ja vorkommen, daß ein Restaurantbesuch ansteht. Am Wochenende zum Beispiel geht Ihr gemeinsam zum Einkaufen, die Zeit rennt Euch davon, weil die Läden wieder einmal proppenvoll sind. Die Mittagszeit ist eigentlich schon überschritten und Euch gelüstet es nach etwas Leckerem zum Essen.

Jedenfalls habt Ihr keine Zeit mehr, nach Hause zu eilen, um etwas zu kochen.

Nun steht Ihr also in der Stadt und fragt Euch: „Was nun?"

Da ist guter Rat teuer.

Die italienischen und griechischen Restaurants schließen um 14 Uhr. Warum eigentlich?

Was sind denn das für idiotische Öffnungszeiten? Von 11.30 Uhr bis 14 Uhr und von 17.30 Uhr bis 22.30 Uhr?

Ab 13.30 Uhr wird man mit dem dezenten Hinweis „Wir schließen gleich!" unverrichteter Dinge wieder weggeschickt.

Seit zig Jahren frage ich mich: „Warum? Wollen die kein Geschäft machen? Haben die das nicht nötig? Was ist da los?"

Meine Damen, ich grübelte und grübelte.

Die Erklärung fiel mir dann wie Schuppen von den Augen, als ich das erste Mal Kreta besuchte.

Die Leute dort halten eine Siesta. Da ist es nämlich in der Tat im Sommer so heiß, daß sämtliches öffentliches Leben zum Erliegen kommt.

Diese schöne Tradition wurde nun einfach 1:1 übertragen.

Liebe italienische, griechische und spanische Restaurantbetreiber in Deutschland, hier ein kleiner Hinweis: In Deutschland gibt es nur in manchen Jahren einen schönen, heißen Sommer. Der letzte Sommer zum Beispiel fand im Frühjahr und Herbst statt.

Zudem soll es Deutsche geben, denen es auch nach 14 Uhr nach etwas Eßbarem gelüstet und das im Frühjahr, Sommer, Herbst und Winter.

Also gut, es ist jedenfalls bereits 14.30 Uhr und Ihr irrt durch die Innenstadt. Der Magen knurrt schon und Ihr biegt um eine Ecke: McDonalds!

Aber nein! So tief wollt Ihr nicht sinken!

Diese US-amerikanische Brutzelbude ist ja wohl das Letzte.

Meine Damen, so schlecht könnt Ihr gar nicht kochen, wie man bei McDonalds ißt. Soviel ist mal klar!

Nun stellt mal Euren Scheffel nicht unters Licht! Soviel wie McDonalds könnt Ihr allemal.

WAS GENAU PASSIERT BEI MCDONALDS?

Der Herr McDonalds nimmt ein „Beef-Patty". Übersetzt heißt das „Rinderhackfleisch in einer flachen runden Form". Es handelt sich um sehr mageres Fleisch praktisch ohne den Geschmacksträger Fett. Es ist völlig ungewürzt. Erst nach dem Braten wird gesalzen und gepfeffert.

Dieses gebratene Etwas wird dann zwischen zwei geschmacklose getoastete „Hamburger Buns" gepappt. Bei den Hamburger Buns handelt es sich um fluffiges Weißbrot, das man mit zwei Fingern mühelos auf einen Millimeter zusammendrücken kann.

Damit überhaupt so etwas wie Geschmack aufkommt, wird das Weißbrot mit einer hauseigenen Mayonnaise bestrichen (Geheimrezept); dann folgt ein lebloses Blatt Salat, anschließend das gebratene Stückchen Hackfleisch, darauf wiederum zwei dünne Scheiben eines Salzgürkchens, fünf kleine Zwiebelstückchen, eine Scheibe Hollandtomate (wässrig und geschmacklos), und um das alles aufzupeppen, wird noch eine Art Grillsauce über das Ganze verteilt.

Auf dem sogenannten Brot befinden sich jeweils acht abgezählte Sesamkörner, die dem Gericht einen gesunden Anstrich geben sollen.

Bei der Variante Cheeseburger gibt es immerhin noch eine Käsescheibe dazu. Nein, bei dem Käse handelt es sich nicht um Gouda oder Ähnliches. Das ist sogenannter „processed cheese". Das ist industriell gefertigter Käse, was die ganze Sache nicht wirklich verbessert.

Leider kann ich Euch diese harten Fakten nicht ersparen.

Nun wißt Ihr, wie so ein Hamburger produziert wird. Es handelt sich in der Tat um eine Produktion. Schließlich soll besagter Hamburger weltweit gleich schmecken. Und genau das tut er, so viel kann ich Euch versichern.

Das gilt im übrigen für alle Brutzelbuden, die weltweit operieren. McDonalds mag nur als Beispiel dienen.

Meine Damen, haltet bis zum Schluß durch! Nun gilt es nämlich noch, dieses ausgeklügelte Markenprodukt auch zu verspeisen.

Wie lange dauert das wohl?

Das hängt davon ab, wie groß Euer Mund ist. Echt. Das ist jetzt kein Scherz.

Für einen erwachsenen Mann dürfte so ein Hamburger nach vier bis fünf Bissen ratzeputz verzehrt sein. Zeit: fünf Minuten.

Okay, natürlich kann man auch kleine Bissen nehmen und ganz langsam kauen. Doch mehr als zehn Minuten kann man sich eßtechnisch mit so einem Hamburger wohl nicht beschäftigen.

Und nun kommt es, meine Damen: Um überhaupt ein Sättigungsgefühl zu erzeugen, muß man 20 Minuten essen! Also aktiv beißen, kauen, schlucken.

Ich weiß, diese Erkenntnis wirbelt jetzt Eure Welt etwas durcheinander.

Schnellimbiß ist somit was? Genau ... Mist.

Wie lange benötigt Ihr, um eine Currywurst zu essen?

Die Crux dabei ist, daß unser Körper 20 Minuten essen möchte. Fragt mich nicht, warum. Das ist einfach so.

Ihr habt Euch für eine dieser Brutzelbuden entschieden und in zehn Minuten seid Ihr mit dem Mahl fertig. Was passiert nun?

Leider stellt sich nach zehn Minuten kein Sättigungsgefühl ein. Was tun?

Logisch. Ihr bestellt noch einen Hamburger oder Pommes oder einen Milchshake oder was auch immer.

Währenddessen habt Ihr dann leider 20.000 Kalorien zu Euch genommen. Okay, ich übertreibe.

Irgendwie geht das Essen aus einem Schnellimbiß auch nicht als vollwertiges Essen durch. Und das völlig zu Recht.

Ihr wandert also weiter zu einer dieser Brutzelbuden, weil die italienischen, griechischen und spanischen Restaurants leider geschlossen sind und Euch asiatisches Essen nicht wirklich goutiert.

Da habt Ihr dann den Salat! Denn abends wird Euer Noch-Ehemann, Lebensabschnittspartner oder Freund „etwas Richtiges zum Essen" einfordern. Das ist die logische Folge daraus, daß so ein Hamburger eben nicht wirklich satt macht.

Selbstverständlich schlagt Ihr die Hände über dem Kopf zusammen, weil Ihr als ernährungsbewußte Frauen mal kurz die Kalorien überschlagt.

Nach den zwei Hamburgern mit Pommes und Milchshake ist nämlich eigentlich Sabbat. Zumindest für diesen Tag.

In meiner letzten Kolumne schilderte ich bereits, daß Ihr mit einem ach so kalorienarmem Salat gar nicht aufzuwarten braucht.

Um den Tagesbedarf an Kalorien nicht völlig aus dem Ruder laufen zu lassen, empfehle ich Euch, abends Kochfisch zu servieren.

KOCHFISCH
Ihr nehmt:

400 g Kabeljau- oder Rotbarschfilet
2 Karotten
2 Zucchini
1 Zwiebel
200 ml Fischfond oder Hühnerbrühe
(... mal ehrlich: WER hat schon Fischfond im Haus?)
etwas Butter und Öl
ein halber Becher Schmand
2 Eßlöffel mittelscharfer Senf
Salz, Pfeffer

Ihr schält die Zwiebeln, schneidet sie in Würfel. Die Karotten und die Zucchini werden auch geschält und gewürfelt. Zuerst werden die Zwiebeln angebraten, anschließend kommen die Karotten und die Zucchini hinzu. Nach ca. 2-3 Minuten löscht Ihr mit dem Fond bzw. der Brühe ab. Senf, Salz und Pfeffer hinzugeben. Vorsicht bei der

Verwendung von Salz! Nachsalzen ist problemlos. Etwas, was versalzen ist, zu retten, ist eher hoffnungslos. 4-5 Minuten köcheln lassen. Anschließend die in Würfel geschnittenen Fischfilets noch 3-4 Minuten bei geschlossenem Deckel mit köcheln lassen. Dann nehmt Ihr die Hälfte des Gemüses heraus und serviert darauf die Hälfte des Fisches.

Das ist jetzt die Portion für Euren Noch-Ehemann, Lebensabschnittspartner oder Freund.

Ihr selbst, die Ihr hoffentlich einen Hamburger mit jemandem geteilt oder ganz darauf verzichtet habt, dürft Euch natürlich das Gemüse mit Schmand verfeinern.

Natürlich könnt Ihr auch frische Kräuter wie Petersilie, Thymian oder Majoran hinzufügen.

An dieser Stelle will ich mich einmal outen ... Nein, ich bin nicht lesbisch. Ich will mich in dem Sinne outen, daß ich keine Anhängerin von Kalorienzählerei bin.

Das liegt vermutlich daran, daß ich das erste „Weight Watchers"-Buch im Bücherschrank habe. Gut, Ihr dürft gerne über mein Alter spekulieren. Mehr als 49 werde ich NIE zugeben.

Ich will Euch meine gewonnenen Erkenntnisse aber nicht vorenthalten: Der Einstieg in eine Diät mit Kalorienzählerei ist der Einstieg in den sogenannten Jojo-Effekt.

Hände weg von „Light-Produkten" und von „Du darfst". Du darfst eben nicht!

Euer Körper denkt, es herrscht Krieg und Mangelernährung. Also schaltet er energietechnisch auf Sparflamme. Sobald Ihr wieder „normal" eßt, bildet er Fettreserven. Denn wer weiß schon, wann die nächste Hungerkatastrophe ansteht?

Dieses Thema werde ich in einer meiner nächsten Kolumnen vertiefen.

Bis dahin warte ich geduldig auf die Klagen, mit denen mich McDonalds & Co. zweifelsohne überziehen werden. Denn wenn man heutzutage übers Essen schreibt, steht man mit einem Fuß bereits im Knast.

Es würde mich freuen, wenn Ihr mir Eure Erfahrungen mit Restaurant- oder Imbißbesuchen schildern würdet.

In diesem Sinne: guten Appetit! Bis nächste Woche!

WAS GIBT ES HEUTE ZUM ESSEN, SCHATZ?
Fleischklopse, Fleischklößchen, Hamburger oder Fleischpflanzerl

L *iebe Leserinnen!*

Katja aus Eisenach schrieb mir, daß sie sich einen McDonalds Besuch samt Familie überhaupt nicht leisten kann.

Also, ich gebe zu, mein letzter Besuch bei McDonalds liegt schon ein paar Jahre zurück. Um genau zu sein, kostete damals so ein Hamburger 2,20 DM. Nachdem sich die Preise seit der Euro-Einführung nahezu verdoppelt haben, gehe ich davon aus, daß so ein bißchen mageres Rinderhackfleisch zwischen zwei Weißbrotscheiben bestimmt 2,20 Euro kostet.

Mindestens zwei davon muß man schon essen, um überhaupt ein Sättigungsgefühl zu erzeugen. Damit wären wir bei 4,40 Euro. Dazu vielleicht noch ein paar Pommes und ein Getränk –, tja, da hat Katja wohl recht. DAS wird richtig teuer.

Unsere Rechtsabteilung hat mich darauf hingewiesen, daß es außer McDonalds noch andere Brutzelbuden gibt.

Sicher doch, meine lieben Leserinnen! Wer kennt nicht Burger King, Kentucky Fried Chicken oder auch Pizza Hut? Alle haben eines gemein: Es handelt sich um US-amerikanische Firmen.

Geht einmal in Euch. Was fällt Euch zur US-amerikanischen Küche ein? Burger King, McDonalds, Kentucky Fried Chicken und Pizza Hut. Ist das nicht erbärmlich?

Meine Damen, ich gebe zu, das war eine rein rhetorische Frage.

Wie tief sind wir weltweit gesunken, wenn wir uns mit so einem Amifraß (anders kann man das nicht bezeichnen) abspeisen lassen?
Als die erste McDonalds Filiale 1990 in Moskau eröffnete, wurde auch dem Letzten klar: Der Kommunismus war endgültig besiegt!
Die größte McDonalds Filiale gibt es übrigens nicht in New York oder Los Angeles, sondern in Peking!
Wer hätte das gedacht?
Allerdings gehen die Chinesen nicht zu McDonalds, weil es dort besonders gut schmeckt. Die reichen Chinesen gehen zu McDonalds, weil sie es sich leisten können. So sieht die Welt aus!
Auf einer Bewertungsskala von 1-6 kann man den Brutzelbuden durchaus eine 4 geben.
Ausreichend eben. Nur wird das Euren Noch-Ehemann, Lebensabschnittspartner oder Freund nicht unbedingt vom Hocker reißen.
Wenn sich die Brutzelbuden etwas mehr anstrengen würden, dann bekämt Ihr nicht täglich die Frage gestellt: „Was gibt es heute zum Essen, Schatz?"
Damit sind wir folgerichtig wieder beim eigentlichen Thema meiner Kolumne.
Es stellt sich doch die Frage, ob es möglich ist, einen wohlschmeckenden Hamburger zu braten.
Ja, ist es.

HAMBURGER (oder Fleischpflanzerl)
Ihr nehmt:

250 g gemischtes Hackfleisch
1 Zwiebel
glatte Petersilie gehackt
1 Ei
1 altbackenes Brötchen
etwas Semmelmehl
Pflanzenöl
Salz, Pfeffer, etwas Muskat oder gemahlenen Kümmel

Schon kann es losgehen. Ihr gebt das Hackfleisch in eine Schüssel. Die Zwiebel wird geschält und gewürfelt. Nun wird die Zwiebel in dem Pflanzenöl glasig angebraten. Am Schluß kommt die gehackte Petersilie kurz dazu, nur um sie zu erwärmen. Währenddessen gebt Ihr das Brötchen in warmes Wasser zum Aufweichen. Zum Hackfleisch kommt die glasige Zwiebel mit der Petersilie. Das Brötchen müßt Ihr gut ausdrücken. Dieses kommt auch zur Hackfleischmasse. Das Ei hinzufügen. Salzen, pfeffern und etwas Muskat oder gemahlenen Kümmel hinzugeben. Nun kommt die Manscherei. Der Hackfleischteig muß mit den Händen tüchtig geknetet werden. Nein, das geht nicht mit einer Küchenmaschine. Vor allem geht es nicht mit einer Gabel oder einem Löffel. Vergeßt es einfach. Hier ist Handarbeit gefragt!

Aus dem Teig formt Ihr Klößchen. Die können flach sein, müssen es aber nicht. Die geformten Klößchen wendet Ihr in dem Semmelmehl. Das gibt außen eine schöne Kruste. Nun werden sie in dem Pflanzenöl gebraten. Mehrmals wenden, damit sie innen auch durch sind.

Das erinnert mich an einen Besuch in England und eine Einladung zu einer Grillparty. Es war Sommer, und es regnete nicht. Das kann eigentlich nur 1995 gewesen sein. Kleiner Scherz, meine Damen.

Der letzte Sommer war in England sehr schön. An diesem einen Tag schien die Sonne von morgens bis abends.

Zurück zur Grillparty in England. Der Hausherr brutzelte, was das Zeug hielt. Es duftete phantastisch.

Voller Vorfreude entschied ich mich für einen Fleischklops, also einen Hamburger. Der Hamburger war außen richtig knusprig und roch verführerisch.

Mit froher Erwartung stach ich mit der Gabel in den Hamburger. Was soll ich Euch sagen? Er war innen komplett roh!

In England kennt man die Garstufen: rare, medium und welldone. Well-done, also durchgebraten, ist in England verpönt. Medium ist halb durchgebraten. Am beliebtesten ist allerdings „rare", also blutig.

Warum das so ist, kann ich Euch nicht sagen. Das Blut muß richtig spritzen, erst dann ist das Fleisch für Engländer genießbar.

Im Falle des Hamburgers spritzte natürlich kein Blut. Ihr müßt Euch das wie Tartar vorstellen, der außen einen Viertelmillimeter angebraten wurde.

Nichtsdestotrotz, meine Enttäuschung stand mir wohl ins Gesicht geschrieben.

Der Hausherr bot mir stattdessen ein Steak an. Ich erklärte mich kurzerhand zur Vegetarierin und hielt mich an den Beilagen gütlich.

Kleiner Tip von mir: Meidet Fleisch in England, außer es macht Euch nichts aus, wenn Euch beim Schneiden des Fleisches das Blut in die Augen spritzt.

Apropos Fleisch. Kommen wir noch einmal zurück zu den „durchgebratenen" Fleischklößchen.

Mit diesem einwandfreien und köstlichen Produkt läßt sich einiges anfangen.

Ihr könnt damit natürlich einen schnöden Hamburger basteln. Doch seien wir mal ehrlich: Dafür sind die leckeren Fleischklopse viel zu schade.

Klassisch reicht man dazu Rotkohl und Salzkartoffeln.

Natürlich kann man die Fleischklößchen auch vor dem Braten mit etwas Schafskäse füllen. Das gibt dem ganzen eine mediterrane Note.

Oder Ihr könnt in den Hackfleischteig geschälte und fein geschnittene Paprika geben. Den Paprika könnt Ihr auch mit der Zwiebel kurz anbraten.

Eurer Phantasie sind keine Grenzen gesetzt.

Manche fügen dem Hackfleischteig auch etwas Schmand oder zwei Eßlöffel Mineralwasser hinzu, um den Teig lockerer zu machen.

Eines ist jedenfalls gewiß: Selbstgemachte Fleischklößchen, in Österreich auch Fleischpflanzerl genannt, schlagen Fertigprodukte um Längen. Auch die Profibrutzelbude McDonalds und andere können da keineswegs mithalten.

Sollte der unmögliche Fall eintreten, daß ein oder zwei Fleischklopse übrigbleiben, könnt Ihr diese natürlich im Kühlschrank aufbewahren und am nächsten Tag noch einmal erwärmen.

Allerdings ist diese Chance wirklich sehr gering.

Letzte Woche dachte ich mir: Ich verdopple einfach die Hackfleischmenge und die anderen Zutaten. Dann bekomme ich – voilà – doppelt so viele Hackfleischklößchen und kann es mir am nächsten Tag ziemlich leicht machen. Ich bereite eine Sauce zu und reiche dazu Nudeln.

Soweit die Theorie.

Das bringt mich auf ein anderes Thema. Männer mögen eines überhaupt nicht: Zweimal dasselbe hintereinander essen. Da geht sofort die Nörgelei los: „Schon wieder Sauerkraut mit Eisbein! Das gab es doch erst gestern!"

Auch wenn Dein Noch-Ehemann, Lebensabschnittspartner oder Freund ständig vergißt, den Müll mit hinunter zu nehmen, er wird sich totsicher daran erinnern, was es gestern zum Essen gab!

Meine Damen, die Kunst besteht in der Variation.

Das ist wie beim alten Bach und der Musik. Ein Thema wird ständig variiert. Das hört sich dann sehr schön an und wird nie langweilig.

So geht das mit dem Kochen auch. An einem Tag serviert Ihr Fleischklopse klassisch mit Rotkohl und Salzkartoffeln.

Als zweites Rezept mit den übriggebliebenen Fleischklopsen bietet sich folgendes an:

FLEISCHKLOPSE – die Zweite …
Man nehme:

Fleischklopse vom Vortag aus dem Kühlschrank
2 Zwiebeln
2 Eßlöffel Mehl
Rinds-Bouillon
Schmand oder Zitronensaft
Pflanzenöl

Ihr schält die Zwiebeln und schneidet sie in dünne Scheiben. Diese bratet Ihr in dem Pflanzenöl an. Wenn sie glasig sind, fügt Ihr die Fleischklopse hinzu. Die Fleischklopse wieder ein paar Mal wenden. Sobald die Zwiebeln hellbraun gebraten sind, fügt Ihr das Mehl hinzu. Das Mehl muß leicht anbräunen. Dann löscht Ihr mit Wasser ab und fügt Rinds-Bouillon hinzu. Nun muß die Sauce noch aufkochen. Jetzt habt Ihr die Qual der Wahl. Entweder Ihr nehmt die Pfanne vom Herd und verfeinert noch mit Schmand (Schmand darf nicht mitkochen) oder Ihr gebt noch etwas Zitronensaft hinzu und laßt alles noch zwei bis drei Minuten kochen.

Dazu reicht Ihr dann Nudeln. Ach, Entschuldigung! Nudeln heißen ja heutzutage Pasta.

Es ginge aber auch Kartoffelbrei als Beilage. Doch die Pasta saugt die Sauce so schön auf und kann ohne extra Aufwand nebenher gekocht werden.

Die Variation meiner Mutter ging im wesentlichen genauso, nur formte sie aus dem Hackfleischteig eine Rolle und keine Klößchen. Das verlängert die Bratzeit. Wenn das Fleisch fast durch war, fügte sie die Zwiebeln hinzu, und dann geht es weiter wie soeben beschrieben. Das nannte sie dann „Falscher Hase".

Und dann –? ... abends um 17 Uhr wollte ich die Fleischklößchen aus dem Kühlschrank holen. Nur ... sie waren WEG!

Vorsichtshalber schaute ich im Tiefkühlfach nach. Vielleicht hatte mein Noch-Ehemann die übriggebliebenen Fleischklopse eingefroren. Zuzutrauen war ihm praktisch alles. Doch Fehlanzeige. Die Fleischklopse blieben verschwunden.

Ihr könnt Euch vorstellen, daß ich stinksauer war!

Was tun? In 30 Minuten würde mein Noch-Ehemann in die Wohnung stürmen und fragen: „Was gibt es heute zum Essen, Schatz?"

Sollte Euch so etwas auch passieren, nehmt Ihr folgendes:

CHAMPION-TOMATENSAUCE – ideal zu Pasta ...

1 Dose oder 1 Glas Champignons
1 Dose geschälte Tomaten
1 Zwiebel
Pflanzenöl
Tomatenmark
Hühnerbouillon
1 Prise Zucker

Zuerst setzt Ihr einen Topf mit Salzwasser auf. Sobald es kocht, fügt Ihr Spaghetti hinzu. Achtung! Kochzeit beachten! Währenddessen macht Ihr Euch frisch ans Werk. Ihr schält die Zwiebel und schneidet sie in kleine Würfel. Diese bratet Ihr in dem Pflanzenöl an. Ihr gießt den Sud der Champignons in ein Glas. Sobald die Zwiebeln Farbe angenommen haben, fügt Ihr die Champignons hinzu. Das spritzt etwas. Vorsicht! Es empfiehlt sich nicht, mit der Seidenbluse vorm Herd zu stehen. Ihr fügt etwas Tomatenmark hinzu und laßt es mit anbraten. Anschließend folgen die geschälten Tomaten. Nun müßt Ihr schauen, wie dick die Sauce wird. Wenn sie zu dick wird, wovon in diesem Stadium auszugehen ist, gießt Ihr etwas von dem Champignonsud hinzu. Dazu kommen noch etwas Hühnerbouillon und eine Prise Zucker. Aufkochen lassen – fertig.

Zwischenzeitlich sind auch die Spaghetti gar. Wobei ich an dieser Stelle sagen muß, daß ich „al dente" nicht ausstehen kann. Das erinnert mich immer an unangenehme Zahnarztbesuche.

Als ich mit dem Gericht an diesem Punkt angekommen war, stürmte mein Noch-Ehemann – verfrüht natürlich, denn eigentlich sollte er erst um 17.30 Uhr aufkreuzen und jetzt war es gerade mal 17.20 Uhr – schon in die Küche und fragte: „Was gibt es denn heute Leckeres?".

Meine Damen, beim Kochen entscheiden Minuten! Doch solche Feinheiten verstehen Männer nicht. Da ist nichts zu machen.

„Es gibt Spaghetti mit Champignon-Tomatensauce."

„Das ist fein!"

„Sag mal, wo sind denn eigentlich die fünf Fleischklößchen, die gestern Abend noch im Kühlschrank standen?"

„Fleischklößchen? Ach so, die ..."

„Welche denn sonst?"

„Nun, zwei habe ich morgens vertilgt und die anderen drei im Büro. Die waren wirklich lecker!"

Meine Damen, ich weiß nicht, wie es Euch geht. Ich jedenfalls konnte meinem Noch-Ehemann nicht böse sein, als er mich mit seinem Dackelblick anschaute.

Jedenfalls gehört zum Kochen nicht nur Variation; dazu gehört auch Improvisation.

Hierzu mehr in einer meinen nächsten Kolumnen. Wie immer freue ich mich schon auf Eure Zuschriften!

WAS GIBT ES HEUTE ZUM ESSEN, SCHATZ?
Spinat, Popeye und Schokolade

L iebe Leserinnen,

Claudia aus Berlin machte mich zu Recht darauf aufmerksam, daß Fleischklopse in Berlin Buletten heißen. In jeder Region in Deutschland wird Hackfleisch anders zubereitet und mit eigenen Namen versehen. Das ist so wie bei Würstchen. Frankfurter, Rote, Thüringer, Saiten, Weißwurst, Bockwurst usw. usf.

Die Kroaten bereiten Cevapcici zu, die Griechen servieren Moussaka, und die Türken haben ein Hackfleischgericht mit dem schönen Namen: Der Imam fällt in Ohnmacht.

Meine schwäbische Nachbarin, die leider zwischenzeitlich das Zeitliche segnete, bereitete mit Hackfleisch folgendes Gericht zu.

GEHACKTES MIT SPINATFÜLLUNG à la Popeye
Ihr nehmt:

250 g gemischtes Hackfleisch
1 Zwiebel
1 Packung Spinat tiefgefroren
Rinds-Bouillon
1 Becher Schmand
Pflanzenöl
Pfeffer, Salz, Muskat

Wie immer wird zuerst die Zwiebel geschält. Ihr merkt, die Rezepte laufen alle nach einem gewissen Schema ab. Die Zwiebel wird gewürfelt und in dem Pflanzenöl angebraten. Danach fügt Ihr das Hackfleisch hinzu.

Hierzu paßt die Frage von Hedi aus Karlsruhe. Sie will wissen, weswegen ich hier ständig mit gemischtem Hackfleisch, also Hackfleisch aus Rind- und Schweinefleisch operiere.

Diese Frage ist leicht beantwortet. Das Rinderhackfleisch, das uns heutzutage verkauft wird, ist quasi fettlos. Damit ist es auch geschmacklos. Genau das ist bei McDonalds & Co. zu bewundern.

Fett ist nämlich ein Geschmacksträger. Probiert einfach einmal diese sogenannten „Light-Produkte".

Light bedeutet schlichtweg mit weniger Fett.

Neulich hatte ich aus Eitelkeit wieder einmal im Supermarkt keine Brille auf. Aus Versehen griff ich zu einem fettreduzierten Käse.

Zu Hause freute ich mich auf ein leckeres Käsebrötchen. Beherzt biß ich hinein.

Lecker! Von wegen! Ich biß in Pappe. Oder wahlweise in einen Bierdeckel.

Auch das Belegen mit drei Scheiben Leichtkäse führte zu keinem besseren Ergebnis.

Dieser Leichtkäse dient höchstens zum Herstellen einer Käsesauce, die tüchtig mit Butter aufgepeppt wird.

Was passiert bei der Herstellung eines Leichtproduktes mit wenig Fett? Das Fett wird durch Wasser ersetzt. Der Hersteller schwimmt auf dem Schlankheitswahn.

Nur ..., meine Damen, jetzt rede ich mal Tacheles: Euer Körper läßt sich nicht so einfach betrügen. Er merkt genau: Aha, ich werde auf Sparflamme gehalten.

Die Werbebotschaften erreichen den Körper eben nicht, soviel ist einmal klar. Was Fett ist und was Wasser, das erkennt er ganz genau.

Und die Formel: Fett macht Fett, ist leider etwas zu kurz gegriffen.

Wenn wir die Erkenntnisse der Ernährungswissenschaftler zusammenfassen, sieht es mit der Auswahl an Nahrungsmitteln, die wir überhaupt noch zu uns nehmen dürfen, ziemlich mau aus.

Finger weg von Fett, Finger weg von Zucker!

Diese Selbstkasteiung hält doch niemand aus!

Komischerweise werden die Menschen in den westlichen Ländern immer dicker. Gerade in den USA gibt es Menschen, die im Flugzeug glattweg zwei Sitzplätze beanspruchen müssen. Nein, natürlich ist daran McDonalds nicht schuld. Niemals nicht.

McDonalds kann ja nichts dafür, daß die Leute fünf Burger mit Pommes verzehren, um satt zu werden. Wie denn auch?

Letzte Woche probierte ich einen neuen Salat mit Thunfisch und Salatsauce. Der Metzger meines Vertrauens hat diesen Salat ins Sortiment aufgenommen.

Was soll ich Euch sagen? Der Blattsalat sah schon ein bißchen lasch aus. Der Krautsalat bestand eben aus Kraut, ohne irgendetwas. Der Thunfisch sah schon etwas ausgetrocknet aus. Er war dann auch ausgetrocknet. Die Salatsauce verbesserte den Geschmack nicht wirklich.

Aber meine Damen, gekauft ist gekauft. Als Schwäbin würgt man das dann runter.

Leider muß ich nun um meine schwäbische Staatsbürgerschaft fürchten. Die Hälfte des Salates entsorgte ich klammheimlich im Restmüll.

Pünktlich um 15 Uhr knurrte mein Magen. Welch Verschwendung! 2,50 Euro für einen ungenießbaren Salat!

Wenn ich 100 g Käse mit 45 % Fett gekauft und gegessen hätte, wäre mir das nicht passiert. Der wäre gar günstiger gewesen.

Liebe Leserinnen, laßt Euch nicht aufs Glatteis führen. Glatteis besteht auch nur aus Wasser und hat keinen Nährwert!

So, jetzt mußte ich erst einmal ein Glas Trollinger trinken, um mich wieder zu beruhigen.

Nein, Ihr müßt nicht wissen, was Trollinger, Schwarzriesling oder Lemberger ist.

Na gut, weil Ihr es seid, werde ich es Euch verraten.

Es handelt sich um Württemberger Rotwein. Nein, den gibt es käuflich nicht zu erwerben. Wir schlotzen unseren Wein selber. An den Export ins bundesdeutsche Ausland ist derzeit nicht gedacht.

Wo war ich nochmal ...? Ach ja, beim Thema Fett und gemischtes Hackfleisch.

Beim Rinderhackfleisch könnt Ihr von relativer Geschmacklosigkeit ausgehen. Um das zu kompensieren, ist es wichtig, Schweinehackfleisch hinzuzufügen. Beim Schweinefleisch stimmt der Fettgehalt noch.

In Summe kann man sagen, daß bei gemischtem Hackfleisch noch ein gewisser Geschmack durchschimmert.

Während wir uns nun etwas verquasselt haben, sollte das gemischte Hackfleisch gut angebraten sein.

Ich fasse kurz zusammen, falls jemand den Überblick verloren haben sollte:

Wir haben gehackte Zwiebeln angebraten und danach das gemischte Hackfleisch hinzugefügt. Ihr könnt Salz, Pfeffer und Muskatnuß beigeben. Anschließend gebt Ihr den gefrorenen Spinat hinzu. Hierbei muß öfters gerührt werden, weil der Spinat nur langsam auftaut. Ein Anbrennen wollen wir unbedingt vermeiden, meine Damen.

Eigentlich dürfte nichts passieren, weil sich der Zustand von Eis bei Zuführung von Hitze in Wasser verwandelt.

Das ist jetzt natürlich von der Temperatur abhängig. Wenn die Kochtemperatur zu hoch ist, verwandelt sich der Aggregatzustand des Wassers in Dampf, und schon ist das Wasser weg.

Meine Damen, ich will Euch hier keineswegs mit Physik oder Chemie belästigen!

Ich gebe zu, die einzige chemische Formel, an die ich mich noch erinnere, ist H^2O.

Daran kann ich mich allerdings nur noch erinnern, weil ich mal einen US-amerikanischen Freund hatte, der mit Nachnamen „Waters" hieß und H^2O genannt wurde.

H^2O = Wasser. So, nun wißt Ihr hinreichend Bescheid.

Was passiert nun?

Die Zwiebeln sind angebraten, das gemischte Hackfleisch ebenso, und nun kommt der gefrorene Spinat hinzu. Das Wasser erwärmt sich und verbindet sich mit dem Hackfleisch und den Zwiebeln. Der Spinat wird gleichermaßen erwärmt.

Am Ende dieses Vorgangs habt Ihr dann eine Mischung aus Zwiebel, Hackfleisch und Spinat. Ihr fügt noch Rinds-Bouillon hinzu und am Schluß einen Becher Schmand. Leicht verrühren und nicht mehr kochen.

Ich schwöre Euch eines, so etwas Leckeres habt Ihr selten gegessen.

Dazu reicht Ihr Salzkartoffeln oder Nudeln. Quatsch! Pasta natürlich.

Mit Farfalloni – das sind Schmetterlingsnudeln – heißt das Gericht ohne gemischtes Hackfleisch übrigens „Popeye-Pasta". Popeye war ja so stark, weil er ständig Spinat aß ...

Ernährungstechnisch läßt sich das jedoch nicht nachweisen.

Meine Damen, ich kann Euch nur raten, den Berichten von Ernährungswissenschaftlern keinen großen Glauben beizumessen.

Zuerst seht Euch diese sogenannten Ernährungswissenschaftler einmal genau an.

Letzte Woche erzählte ein diplomierter Ernährungswissenschaftler von den Segnungen von Obst und Gemüse.

Ihr kennt doch diese Ernährungspyramide, die uns seit den 80er Jahren vorgehalten wird. Fünf Portionen Obst und Gemüse pro Tag. Getreideprodukte in Form von Müsli und Vollkornbrot. Milch, danach Fisch. Ganz am Schluß kommen Wurst, Fleisch und Käse.

So ißt kein Mensch in der westlichen Welt. Das ist so sicher wie das Amen in der Kirche.

Der vortragende Ernährungswissenschaftler, der mit erhobenem Zeigefinger vor der Kamera saß, wog übrigens geschätzte 150 kg.

Ihm zur Seite stand eine Ernährungswissenschaftlerin, die bei einer Größe von 1,75 m gerade einmal 40 kg auf die Waage brachte.

Meine Damen, das sagt doch alles!

Zuerst quälten uns die Mediziner mit der Faustregel: Größe minus 100 = Durchschnittsgewicht. Also, bei einer Größe von 160 cm waren 60 kg okay.

Danach folgte die Parole: Körpergröße minus 100 minus 10 % = Idealgewicht = „ewiges" Leben. Schwups, Ihr solltet demnach bei einer Größe von 160 cm nur noch 54 kg wiegen.

Ich bin jetzt auf Eure Hilfe angewiesen. Soweit ich mich erinnere, ging es dabei nie ums Alter. Diese Formel galt für alle Frauen.

Dann kam der nächste Coup: der BMI.

Bei Anwendung der Body-Mass-Index-Formel waren praktisch alle Frauen zu dick, bis auf die Magersüchtigen.

Ich will an dieser Stelle ein Beispiel bringen. Marylin Monroe, *das* Sexsymbol schlechthin, wäre nach all diesen Rechnungen und Vorschriften zu dick. Größe 42! Also nee, oder? Sie war eine fette Kuh, wenn man heutige Maßstäbe anlegt.

Habt Ihr jetzt so etwas wie eine Erleuchtung?

Nun überlegt Euch noch kurz, wer daran verdient, wenn Ihr abnehmt. Ärzte, die ganze Nahrungsmittelindustrie, die Apotheker, Fitneßstudios, die Wellness-Industrie, Hotels usw. usf. Am Schluß der Bestatter.

Die nächste legitime Frage lautet: Profitiert Ihr davon, wenn Ihr Euch an die Ratschläge der Ernährungswissenschaftler haltet?

In meiner Heimatstadt wohnte eine Frau, die ausschließlich im Reformhaus einkaufte und von einem absoluten Gesundheitswahn besessen war.

Diese Frau verstarb dann mit Anfang 60 – völlig gesund, wohlgemerkt.

Das Entsetzen in der Gemeinde war groß.

Meine Damen, wir sitzen da einem Irrtum auf: Gewicht, Cholesterinspiegel, Blutwerte usw. usf. dienen nur der Geldvermehrung, außer es handelt sich um einen wirklichen gesundheitlichen Schaden.

Nein, nein, nicht Eure Geldvermehrung ist gemeint, sondern die der Pharma-, Gesundheits- und Lebensmittelindustrie.

Die Freizeitindustrie hat sich an diese Masche drangehängt.

Es gab einmal einen netten Slogan, bevor sich die Leute den Magen verkleinern ließen, was ja nicht unbedenklich ist.

Der Slogan lautete: FDH. Friß die Hälfte.

Heute könnte man sagen: Friß nicht so viel, oder friß nur soviel, bis Du satt bist.

Das klingt ziemlich einfach, oder, meine Damen?

Meine Mutter zum Beispiel kann bis heute kein Essen wegwerfen. Kriegserfahrungen. Lieber ißt sie die Reste höchstpersönlich. Die Folgen sind sichtbar.

Ich will das Moralisieren nun lassen. Diese Kolumne soll keinesfalls sauertöpfisch enden.

Ihr könnt also so etwas kochen wie Popeye-Pasta mit Hackfleisch. Als Alternative könnt Ihr Eurem Noch-Ehemann, Lebensabschnittspartner oder Freund auch eine Tafel Schokolade kredenzen. Dazu eine Flasche Rotwein. Kalorientechnisch bleibt sich das fast gleich.

Liebe Leserinnen, Ihr habt es in Eurer Hand! Macht einfach das Beste daraus! Ich wünsche Euch einen angenehmen Tag! Wir hören voneinander.

WAS GIBT ES HEUTE ZUM ESSEN, SCHATZ?
Saucen ohne Weizenmehl, Maisstärke und Guarkernmehl

L iebe Leserinnen,

eigentlich hätte ich damit gerechnet, daß ich als Reaktion auf meine letzte Kolumne viele Zuschriften zum Thema Gewicht und Gewichtreduzierung erhalten würde.

Dem war nicht so.

Zuerst dachte ich, meine Kolumne wird von niemandem mehr gelesen. So etwas kann durchaus vorkommen. Man schreibt sich die Finger wund und niemanden interessiert es.

Doch weit gefehlt!

Ich erhielt ganz viele Zuschriften zum Thema „Andickung von Saucen". Stellvertretend möchte ich einige Zuschriften zitieren.

Cindy aus Jena schreibt mir, daß ich eine alte Schrulle sei, die noch so kocht wie 1895. Sämige Saucen seien mega-out, und Mehl sei ein absoluter Dickmacher.

Nun, Cindy, leider erwähnst Du nicht, wieviel Du wiegst.

Das spielt auch keine Rolle. Entschuldigung, das war nur eine Randbemerkung.

In jedem Fall: Sämige Saucen sind keinesfalls mega-out. Fragt mal bei Knorr und Maggi nach.

Wer jetzt behauptet, die kleinen Schächtelchen mit den Fertigsaucen in Pulverform seien Euch unbekannt, der lügt.

Begebt Euch einmal nach Frankfurt „Auf die Zeil". Ganz in der Nähe könnt Ihr das Maggi-Kochstudio besuchen und bewundern. Genau dort werden die neuesten sämigen Saucen vorgestellt.

Früher betrieb Maggi noch Kundenbindung. Ihr konntet Euch dort anmelden und Ihr bekamt in regelmäßigen Abständen die neuesten Fertigprodukte frei Haus geliefert. Das waren noch Zeiten!

Nun wollen wir gleich einmal mit ein paar Vorurteilen Schluß machen.

Ihr kauft das Maggi-Fix oder das Knorr-Fix für ein Gericht. Leider nicht mehr kostenlos frei Haus, sondern gegen Bezahlung.

Worum geht es?

Ihr müßt die frischen Zutaten kaufen. Anstatt selbst zu würzen, bekommt Ihr eine Würzmischung, die Euch das Kochen erleichtern soll.

Nur ... – ist dem so?

Um die Inhaltsstoffe dieser Gewürzmischungen zu lesen, reicht eine einfache Lesebrille nicht aus. Soviel sei schon einmal gesagt.

Meine Redaktion und meine Anwältin haben mir verboten, eine Lupe zu verwenden.

Liebe Leserinnen, jetzt bleibt einfach auf dem Teppich. Ich verwendete zwei Eßlöffel Mehl, um die Sauce anzudicken.

Ich erhielt den guten Ratschlag, Mondamin zu verwenden. Bei Mondamin handelt es sich um Maisstärke. Bei Mehl im Normalfall um Weizen. Daran ändert die Anregung von Anni aus Schleswig auch nichts.

Als Dickungsmittel wird Maisstärke in kaltem Wasser verrührt, weil es sonst klumpt. Diese Mischung wird dann am Schluß des Kochvorgangs als Dickungsmittel verwendet.

Leider hat das den Geschmack von Kleister.

Die moderne Lebensmittelindustrie ist längst auf Guarkernmehl umgestiegen. Leider darf ich dazu auf Anraten meiner Redaktion und meiner Anwältin nichts sagen.

Ich will es aber mal so formulieren: Zwei Eßlöffel Weizenmehl sind keinesfalls tödlich.

Allerdings will ich mir hier keinesfalls Überheblichkeit nachsagen lassen. Ich nehme Eure Bedenken durchaus ernst.

Rita aus Freiburg sagte, sie lese zwar meine Kolumne, könne sich aber mit einer Sauce, die mit Weizenmehl angedickt wird, überhaupt nicht anfreunden.

SAUCEN – ohne Mehl, Maisstärke oder Guarkernmehl
Ihr nehmt:

1 Zwiebel
Gemüse Eurer Wahl

Zwiebel klein hacken, anbraten, Gemüse hinzufügen. Drei Eßlöffel Schmand hinzugeben. Das nennt sich dann Rahmgemüse. Salzen und Pfeffern nicht vergessen.

Ihr nehmt:
Zwiebel
geschälte Tomaten

Zwiebeln klein hacken, anbraten, die geschälten Tomaten hinzufügen. Köcheln. Fertig! Salzen und Pfeffern nicht vergessen.

Ihr nehmt:
Gulasch
Zwiebeln
Paprika

Zwiebel klein hacken, anbraten, das Gulaschfleisch hinzugeben, den Paprika mit anbraten, mit Wasser aufgießen und reduzieren. Salzen und Pfeffern nicht vergessen.

Ihr nehmt:
1 Eigelb
Salz
Senf
Öl und Essig oder Zitronensaft

Ihr verrührt das Eigelb mit etwas Salz und fügt etwas Senf hinzu. Wenig Senf, um genau zu sein. Dann kommt tropfenweise das Öl dazu. Dabei ständig rühren. Ganz wichtig!

Wenn die Mayonnaise, denn darum handelt es sich hier, eine dickliche Konsistenz gewonnen hat, fügt Ihr noch etwas Essig oder Zitronensaft hinzu.

Zu Fisch könnt Ihr eine Remoulade servieren.

REMOULADE
Ihr nehmt:

die beschriebene Mayonnaise
2 hartgekochte Eier geschält und gewürfelt
1 feingeschnittene Schalotte
Dill, Schnittlauch und Petersilie

Ich verwende noch ein ganz fein geschnittenes Gewürzgürkchen samt etwas Sud. Alles verrühren, und schon ist eine leckere Sauce ohne Mehl entstanden.

Allerdings sind dem Grenzen gesetzt. Wer sämige Saucen liebt, also Eure Männer, sollte wissen: Ihr kommt um den einen oder anderen Löffel Weizenmehl nicht herum.

Ich will es einmal so sagen: Uns fliegt gerade die gesamte Finanzwelt um die Ohren. Schaut Euch um. Wer soll dafür bezahlen? Ihr natürlich.

Da muten zwei Löffel Weizenmehl doch eher lächerlich an.

Ob Ihr nun 40, 60, 80, 100, 120, 140 oder 160 kg wiegt, wenn Ihr pleite seid –, wo ist da bitteschön der Unterschied? Pleite ist pleite.

Wir wollen doch mal die Kirche im Dorf lassen und das Korn im Feld! Nobel geht die Welt zugrunde!

Kauft Hummer, Krabben, Trüffel, Vanille, Safran. DAS sind doch die echten Geldanlagen! Wer weiß schon, welchen Wert Gold morgen hat? Na gut, morgen ist Sonntag. Da gibt es keinen Handel. Ich nehme die Frage zurück.

Gegessen und getrunken wird immer. So viel ist mal klar.

Je nachdem, wie die Sache ausgeht, melde ich mich wieder. Billionen werden versenkt, Milliarden gefunden, da kennt sich doch niemand mehr aus. An zwei Eßlöffel Weizenmehl soll die Rettung der Welt jedenfalls nicht scheitern.

Liebe Leserinnen, dafür wäre mir kein Opfer zu groß. Ich werde Spätzle auch ohne Sauce essen! Fürwahr und Ehrenwort!

Bis nächste Woche – und macht es gut!

WAS GIBT ES HEUTE ZUM ESSEN, SCHATZ?
Ausländische Gerichte

*L*iebe Leserinnen,

es hat mich außerordentlich gefreut, daß Ihr mir mittlerweile vergeben habt. Einige von Euch gaben zu, selbst schon einmal zu Mehl als Dickungsmittel gegriffen zu haben.

Ich danke Euch.

Seien wir mal ehrlich, wer weiß schon, wie die Saucen in Restaurants oder Großküchen zubereitet werden? Vermutlich ist es besser, wenn wir das nicht so genau wissen.

Nancy aus Lüneburg war ausgesprochen überrascht, daß man Mayonnaise selbst herstellen kann. Sie wollte wissen, warum das nicht alle machen. So eine Mayonnaise herzustellen, das sei ja nicht schwer.

Sicher, Nancy, eine Mayonnaise herzustellen, geht ganz einfach. Nur hat eine selbstgemachte einen entscheidenden Nachteil: Man muß sie auch essen, und zwar gleich.

So eine industriell gefertigte Mayonnaise enthält Zusatzstoffe, die sie haltbar macht.

Auch wenn Ihr die Zutatenliste auf dem Glas oder der Tube nicht entziffern könnt, allein die Länge der Liste läßt darauf schließen, daß da mehr als Ei, Senf, Öl und Zitronensaft drin ist. Bei genauem Hinsehen ist vermutlich nicht einmal Ei drin sondern Eipulver. Das ist allerdings nur eine Vermutung.

Darauf mache ich gleich aufmerksam, weil mich zwischenzeitlich ein Brief von McDonalds erreichte.

Nein, keine Sorge, ich habe keine Millionen-Euro-Klage am Hals.

Der Ton des Briefs war äußerst freundlich. Mir wurde das überaus erfolgreiche Geschäftsmodell erläutert, das sich weltweit großer Beliebtheit erfreut. So viele Gäste können gar nicht irren.

Dem Brief waren diverse Gutscheine beigefügt, die ich in wirklich jeder McDonalds Filiale einlösen kann. Weltweit, versteht sich.

Kommentieren soll ich das lieber nicht, rät mir meine Anwältin. Sicher. Ich bin ja nicht bekloppt. Warum meinen Juristinnen und Juristen eigentlich immer, daß die Normalbevölkerung bescheuert ist?

Na, ich sollte besser noch ein paar Rezepte aufschreiben ...

Da trifft es sich prima, daß mir Petra aus Bochum schrieb und mich kritisierte, weil ich mich nur auf deutsche Rezepte konzentriere. Um ehrlich zu sein, schob mich Petra etwas in die rechte Ecke.

Nichts könnte ferner der Wahrheit sein!

Um das gleich unter Beweis zu stellen, folgt an dieser Stelle ein Rezept aus Japan von meiner Freundin Haruka:

HÜHNCHEN TERIYAKI
Ihr nehmt:

2 Teelöffel Öl
2 Eßlöffel Sojasauce
1/2 Eßlöffel Sake oder Weißwein
(falls Sake nicht zur Hand, was ja verständlich wäre)
1 1/2 Eßlöffel Honig
1 Hühnerbrust
Zum Marinieren:
1 Eßlöffel Sojasauce
1 Eßlöffel Sake oder Weißwein

Ihr legt die Hühnerbrust für 20 Minuten in die Marinade. Worin sonst? Danach erhitzt Ihr das Öl in einer kleinen Pfanne und fügt die Hühnerbrust mit der Hautseite nach unten hinzu. Über mittlerer Hitze 3-5 Minuten anbraten und wenden. Die andere Seite auch 3-5 Minuten anbraten.

Danach werden Sojasauce, Sake (oder Weißwein) und Honig hinzugegeben. Nun kommt ein Deckel auf die Pfanne, und das Ganze wird 10-15 Minuten im Dampf gegart. Wenn die Sauce angedickt ist (OHNE Mehl, meine Damen!), dürft Ihr den Herd ausschalten.

Dazu können Reis oder Kartoffeln gereicht werden.

Meine Freundin Haruka schwört auf ein bißchen Mayonnaise, die kurz vorm Servieren in die Sauce gegeben wird. Außerdem ergänzt sie das Rezept mit etwas geriebenem Ingwer. Beim Gebrauch von Ingwer rate ich persönlich zur Vorsicht. Ich biß einmal aus Versehen auf eine Ingwerscheibe, weil ich dachte, es handele sich um Kohlrabi. Nun, das war es dann mit dem Essensgenuß.

Ihr müßt zugeben, die Zutatenliste ist ziemlich übersichtlich und der Aufwand ist als äußerst gering zu bezeichnen.

In der Einfachheit liegt eben oft die Stärke.

Dieses Rezept habe ich deshalb gewählt, weil die meisten von Euch japanisches Essen nur mit einem verbinden: Sushi natürlich!

Also, ich gebe zu, ich habe Sushi noch nie versucht und gedenke das in nächster Zeit auch nicht zu tun. Irgendwie stelle ich mir da immer diese ekligen Würmer im rohen Fisch vor. Könnt Ihr Euch erinnern?

Ja, ja, ich weiß. Nach einem Lebensmittelskandal ist immer vor dem nächsten Lebensmittelskandal.

Die Konsumenten sind jedesmal entsetzt, üben Zurückhaltung und essen erst einmal das betroffene Lebensmittel nicht mehr. Vorübergehend zumindest.

Was haben wir alles schon NICHT mehr gegessen! Wenn wir das alles zusammen nehmen und bei unserer Verweigerungshaltung geblieben wären, würden wir alle glattweg verhungern.

Seien wir dankbar ob unserer Vergeßlichkeit.

Genau das denken sich unsere Politiker auch. Doch ich will nicht abschweifen.

Wenden wir uns kurz dem Thema „Essen aus Asien" zu.

Jeder hat wohl so etwas wie seinen Lieblingsasiaten, so wie jeder auch seinen Lieblingsitaliener hat.

Die Leute sitzen ja der falschen Vermutung auf, daß es bei ihrem „Asia", oder wie immer der Name des asiatischen Restaurants lautet, chinesische Gerichte gibt, die von Chinesen zubereitet werden.

Das dachte ich anfangs auch. Bis ich herausfand, daß der Koch bei meinem Lieblingsasiaten aus Vietnam stammt. Da war ich schon etwas enttäuscht, meine Damen.

„Ente mit Reis" finde ich sehr lecker. Als meine erste China-Reise anstand, freute ich mich schon riesig. Jeden Tag Ente mit Reis, hurra!

Doch genauso wenig wie es in den Restaurants in Italien nur Pizza und Spaghetti gibt, stehen in den Restaurants in China nur Ente mit Reis bzw. die ganzen Gerichte, die uns in Deutschland als chinesisch verkauft werden, auf der Speisekarte.

Also ehrlich, ich war ziemlich froh, daß ich kein Chinesisch beherrsche. Und glaubt mir, Ihr wollt nicht wirklich wissen, was in China alles gegessen wird.

Einen Eindruck davon bekommt man, wenn man einen chinesischen Markt besucht. Nein, das werde ich jetzt nicht schildern, sonst wird mir die nächste Einreise nach China verweigert.

Bestätigen kann ich hingegen, daß in China fast alles im Wok gebrutzelt wird.

Bei uns kamen Woks vor einigen Jahren groß in Mode. Jedoch gibt es einen wesentlichen Unterschied: Wir stellen unseren Wok auf den Herd. Falls Ihr einen Wok zu Hause habt, muß ich Euch leider sagen, daß das nichts wird mit der original chinesischen Küche.

Warum nicht?

Wenden wir uns einmal der Geschichte des Woks zu. Den Wok gibt es in China deshalb, um spärlich vorhandenes Brennholz sparsam einzusetzen. Ziel war und ist es, ein Gericht in sehr kurzer Zeit mittels hoher Hitze zu braten.

In Asien gilt besonders rund um den Äquator: Esse nichts, was Du nicht schälen kannst, was nicht gekocht oder gebraten ist.

Leider bekommt Ihr diese hohe Hitze auf dem Herd nicht hin. Deshalb schmeckt das, was Ihr im Wok zubereitet niemals so, wie Ihr das gerne hättet.

Daran ist das Rezept nicht schuld und die Zutaten sind es auch nicht. Heutzutage gibt es überall Asia-Läden, in denen original asiatische Zutaten erworben werden können. Nein, das wird nichts, weil das Kochgerät eben nicht die nötige Hitze erreicht.

Genau deshalb erspare ich Euch hier auch ein typisch chinesisches Wok-Gericht.

Was sich hierzulande auch sehr großer Beliebtheit erfreut, ist die Wan- Tan-Suppe. Das sind Teigtäschchen, die mit Fleisch gefüllt und gekocht werden.

Wir im Schwabenländle kennen etwas Ähnliches. Wir nennen das „Maultaschen".

Die Maultaschen wurden angeblich „erfunden", um das Verbot zu umgehen, freitags Fleisch zu essen. Was man nicht sieht, also in dem Fall das Hackfleisch, ist nicht da.

So einfach ist die Welt, meine Damen!

Die Italiener kochen Ravioli, die Russen Pelmenis.

Immer handelt es sich um einen Nudelteig, der mit Hackfleisch gefüllt wird.

Um das Thema Kochen mit Hackfleisch abzuschließen, folgt hier das Rezept für Pelmenis, die mir am besten schmecken. Ja, ich weiß, das mag nichts heißen. Die Geschmäcker sind verschieden. Zum Glück.

PELMENIS
Ihr nehmt:

200 g Mehl (tut mir leid, meine Damen, ohne Mehl geht es nicht!)
1 Ei
80 ml Wasser
1/2 Teelöffel Salz

Kurzum, die Zutaten für einen ganz normalen Eiernudelteig. Nein, zu Eiernudeln und „Birkel" sage ich nichts. Ihr vermischt die Zutaten und rollt den Teig dünn aus. Dann nehmt ihr für die

PELMINIS-FÜLLUNG

200 g gemischtes Hackfleisch
1 Zwiebel
2 Knoblauchzehen
2 Eßlöffel Mineralwasser
Salz, Pfeffer
1 Eiweiß

Die Zwiebel schälen und in kleine Würfel schneiden. Die Knoblauchzehen schälen und in sehr dünne Scheiben schneiden oder durch die Knoblauchpresse drücken. Und nein, an der Diskussion, ob Knoblauch geschnitten oder durch die Knoblauchpresse gedrückt werden soll, beteilige ich mich nicht. Tut einfach das, wovon Ihr überzeugt seid.

Das Hackfleich, die gewürfelte Zwiebel, den Knoblauch und das Mineralwasser tüchtig kneten. Salzen und pfeffern. Nochmals kneten. Die Füllung ist fertig.

So, nun ist handwerkliche Kunst gefordert. Keine Angst, meine Damen. Es handelt sich eher um eine Art Bastelstunde.

Ihr nehmt nun ein Glas und stecht aus dem ausgerollten Teig runde Formen. Je größer der Durchmesser des Glases, desto größer werden logischerweise die Pelmenis. Kurzum, mit einem Schnapsglas braucht Ihr erst gar nicht anfangen.

Auf die eine Hälfte des ausgestochenen Teiges gebt Ihr nun etwas von der Hackfleischmasse. Nun streicht Ihr den Rand noch mit Eiweiß ein, damit die Pelmenis beim Kochen nicht auseinanderfallen. Jetzt wird die Hälfte ohne Hackfleischmasse über die Hälfte mit Hackfleischmasse gelegt. Dadurch entsteht ein Halbkreis. Der Rand wird geschlossen, indem Ihr ihn mit einer Gabel zusammendrückt. Das sieht sehr schön aus. Das Auge ißt mit, sagt man.

Eigentlich sind die Pelmenis nun fertig. Damit sie noch schöner aussehen, könnt Ihr die Spitzen der Halbkreise miteinander verbinden. Im Ergebnis sieht das dann so ähnlich aus wie die Teigtaschen in der Wan-Tan-Suppe oder wie Tortellini. Damit das Ganze hält, empfiehlt sich, wieder etwas Eiweiß als „Kleber" zu benutzen.

Nun werden die Pelmenis in reichlich kochendes Salzwasser gegeben und auf kleiner Flamme gekocht. Sie sind gar, wenn sie an die Oberfläche steigen.

Was dazu gereicht wird, darüber streiten sich die Geister.

Das erste Mal, als ich Pelmenis zubereitete, half mir mein Cousin, der wider Willen in der DDR lebte. Zumindest traute ich ihm zu, sich mit russischen Gepflogenheiten auszukennen.

Die ultimative Beilage sei schnödes Ketchup mit Knoblauch und Cayennepfeffer – ein Dip, wie man heutzutage sagt.

Mein russischer Kollege hingegen schwört auf saure Sahne mit Kräutern.

Als Deutsche bin ich natürlich gründlich und wollte die Wahrheit herausfinden. Also fragte ich meinen russischen Kollegen, was denn nun traditionell korrekterweise zu den Pelmenis gereicht werde.

Er antwortete mit erfrischender Offenheit: „Das ist ziemlich egal. Jede Familie hat da ihre eigene Tradition. Das ist wie bei Euch mit Eurem geheiligten Kartoffelsalat. Den bereitet auch jeder anders zu. Bei den Pelmenis geht es im Wesentlichen darum, daß man etwas ißt, um mehr Wodka trinken zu können."

Das Pelmeni-Rezept ist zugegebenermaßen ziemlich aufwendig. Solltet Ihr etwas Leckeres in kürzester Zeit „zaubern" müssen, ist dieses Rezept denkbar ungeeignet.

Aber HALT!

Einmal gekochte Pelmenis eignen sich vorzüglich zum Einfrieren. Verdoppelt einfach die Menge der Zutaten. Dann habt Ihr den Aufwand nur einmal, und eine Portion bleibt übrig.

Das ist jedoch nur graue Theorie, meine Damen.

Wenn Ihr 40 Pelmenis zubereitet, werden 40 Pelmenis vertilgt. Erhöht Ihr die Zahl auf 80, könnte es passieren, daß 80 Pelmenis vertilgt werden.

So wird zumindest aus glaubwürdigen Quellen berichtet.

Meine Damen, Pelmenis schmecken! Das ist ja die Hauptsache. Denn die Frage, die der Noch-Ehemann, Lebensabschnittspartner oder Freund stellt, lautet nach wie vor: „Was gibt es zum Essen, Schatz?"

Schmecken soll das alles ja auch noch. Das dürft Ihr nicht vergessen.

Ich weiß, von uns wird die Quadratur des Kreises verlangt. Gebt nicht auf! Es handelt sich um ein globales Problem.

Wir Frauen werden es global und gemeinsam lösen.

Ich freue mich schon auf Eure Zuschriften und hoffe, Ihr bleibt mir als Leserinnen treu.

WAS GIBT ES HEUTE ZUM ESSEN, SCHATZ?
Resteessen

Liebe Leserinnen,

mich erreichten viele Zuschriften zum Thema „ausländisches Essen". Die Zustimmung und die Ablehnung hielten sich in etwa die Waage.

Yizra aus Berlin schrieb mir, daß Türken Döner eher nicht essen. In der Türkei ist das ein Tellergericht. Niemand würde auf die Idee kommen, das Dönerfleisch, das aus Lammfleisch und Lammhackfleisch hergestellt wird, zusammengepappt in einem Brot zu essen.

Das sind auch für mich interessante Einsichten.

Leider war ich noch nie in der Türkei und kann dazu nichts sagen, vertraue aber auf die Sachkenntnis von Yizra. Diese wird noch durch die Aussage von Ayse unterstützt, die noch nie etwas von Döner gehört hatte, bis sie nach Berlin übersiedelte.

An der Aussage, daß Türken Döner im Brot essen, hätte ich nie gezweifelt.

Da kann man mal sehen, wie leicht man sich irren kann.

Fassen wir das einmal kurz zusammen: Italiener essen Spaghetti, Spanier essen Paella, Engländer essen rohes Fleisch mit Minzsauce, Schweizer essen Züricher Geschnetzeltes, US-Amerikaner essen Hamburger, Chinesen essen gebratene Ente mit Reis, Japaner essen Sushi. Ach ja, und Deutsche essen Eisbein mit Sauerkraut.

Also nein, oder? Eisbein ist doch dieses eklige fettige Gericht, was durch Sauerkraut nicht besser wird.

Die Koreaner haben angeblich auch so eine Art Sauerkraut. Das Weißkraut wird in der Erde vergraben. Wenn es ordentlich verfault ist, wird es gegessen.

Nein, das weiß ich nicht genau, sondern nur vom Hörensagen.

Nach dem Tsunami in Indonesien wurden viele Urlauber umgebucht. Anstatt in Thailand, Phuket, saßen sie plötzlich auf Bali. Leider war ich damals live dabei.

Liebe Leserinnen, das war oberpeinlich. Echt.

In Indonesien wird lauwarm gegessen. Die Außentemperatur beträgt 30 Grad und kann sich schon mal wie 40 Grad anfühlen.

Wer auf Bali nach einer heißen Suppe schreit, hat einen an der Waffel!

Okay, Schwitzen hat die Funktion, die Körpertemperatur herunter zu kühlen. Doch das erreichen die Asiaten durch Schärfe, mittels Peperoni zum Beispiel. Um den Wasserhaushalt zu regulieren, wird salzig gegessen. Sojasauce, Fischsauce oder Austernsauce werden verwendet.

Alles ist bestens geregelt, nur der deutsche Urlauber verlangt nach Schnitzel und Eisbein.

Ich erinnere mich noch genau, als die umgebuchten Urlauber stolz erzählten, sie haben die kulinarische Hochburg entdeckt. Eisbein und Schnitzel, soweit das Auge reicht! Sie hatten ein deutsches Restaurant in Kuta gefunden.

Warum verreisen, wenn das Gute doch so nah liegt? Also in Berlin, München, Hamburg, Frankfurt und Stuttgart.

Nein, ich rege mich nicht auf!

In dieser Kolumne will ich mich der Verwertung von Resten widmen.

Ihr habt Nudeln gekocht und davon etwas übrig. Daraus stellt Ihr einen Nudelsalat her.

NUDELSALAT

Ihr nehmt:

gekochte Nudeln
1/2 Dose Thunfisch oder Champignons aus dem Glas oder der Dose
1/2 Dose Erbsen oder Erbsen mit Karotten (klein, gibt es in jedem
Supermarkt)
1 klein gehackte Zwiebel
3 Eßlöffel Sud der Erbsen oder der Erbsen mit Karotten oder der
Champignons oder beides gemischt
3 Eßlöffel Mayonnaise (bevorzugt selbstgemacht)
etwas Salz und Pfeffer

Alles miteinander vermischen, ziehen lassen, fertig.

Das nannte man früher „Partysalat", der zu gegrilltem Fleisch gereicht wurde. Doch man kann diesen Nudelsalat auch so essen. Ohne Grillgut.

In dem Zusammenhang möchte ich auf den Gebrauch von Zwiebeln zu sprechen kommen.

Wenn Ihr die Zwiebeln schält und schneidet, dringen Euch schon die Sulfide in die Augen. Genau diese Sulfide sind chemisch betrachtet „flüchtig".

Sobald Ihr frische Zwiebeln verwendet, müßt Ihr das Gericht aufessen. Es hält sich leider nicht.

Das gilt für Kartoffelsalat und auch für den soeben beschriebenen Nudelsalat.

Es gibt jedoch einen Trick: Ihr laßt die Zwiebel erst einmal weg und fügt sie nur der Menge hinzu, die unmittelbar verzehrt wird. Den Salat ohne Zwiebel könnt Ihr im Kühlschrank aufbewahren. Ein Tag geht auf alle Fälle.

Nein, für Blattsalat gilt das nicht. Der muß angerichtet unmittelbar verzehrt werden – ob mit oder ohne Zwiebel.

Das Rezept mit den Nudeln, die übrig geblieben sind, funktioniert übrigens auch mit Reis.

Reissalat
Ihr nehmt:

gekochter Reis
1/2 Dose Thunfisch oder Champignons aus dem Glas oder der Dose
1/2 Dose Erbsen oder Erbsen mit Karotten (klein, gibt es in jedem
Supermarkt)
1 klein gehackte Zwiebel
3 Eßlöffel Sud der Erbsen oder der Erbsen mit Karotten oder der
Champignons oder beides gemischt
3 Eßlöffel Mayonnaise (bevorzugt selbstgemacht)
etwas Salz und Pfeffer

Die Vorgehensweise ist genauso, wie oben beschrieben.

Nun kommt es ja vor, daß Ihr gekochte Kartoffeln übrig habt. Wegwerfen ist keine Option. Das wäre doch schade. Außerdem könnt Ihr das mit Eurem ökologischen Gewissen kaum in Einklang bringen.

Früher wurden die Reste an Schweine verfüttert. Doch wer hat heutzutage schon Schweine zu Hause? Na ja, vielleicht doch ... Nein, das Thema vertiefe ich an dieser Stelle nicht.

Sagen wir mal so: Ihr habt vier gekochte Kartoffeln übrig. Was eignet sich da besser als Bratkartoffeln?

Nun ja, es gibt die Fraktion, die Bratkartoffeln nur aus rohen Kartoffeln zubereitet.

Auch beim Schweizer Rösti gibt es zwei Fraktionen, die sich unerbittlich gegenüberstehen. Die einen schwören auf rohe Kartoffeln, die anderen auf gekochte.

Seid einfach pragmatisch. Ihr habt jetzt nun einmal gekochte Kartoffeln. Das ist sozusagen ein Glücksfall!

BRATKARTOFFELN HAUSMACHER-ART
Ihr nehmt:

4 gekochte Kartoffeln
Butterschmalz

1 gewürfelte Zwiebel
100 g durchwachsenen Speck
Pfeffer, etwas Salz
wahlweise zwei Eier

Ihr erhitzt das Butterschmalz und schneidet die Kartoffeln in Scheiben, die Ihr in dem Butterschmalz anbratet. Die Kartoffeln müssen öfters gewendet werden. Kurz bevor sie schön braun sind, fügt Ihr die gewürfelte Zwiebel und den in Würfel geschnittenen durchwachsenen Speck hinzu. Pfeffern und salzen nicht vergessen.

Mit dem Salz müßt Ihr aber vorsichtig sein, denn der durchwachsene Speck enthält schon Salz. Um das Gericht aufzupeppen, könnt Ihr noch zwei Eier aufschlagen und mit braten.

Mein persönlicher Tip: Verwendet gemahlenen Kümmel, um das Gericht bekömmlicher zu machen.

An dieser Stelle können wir von meiner Großmutter väterlicherseits lernen. Zu allem, was irgendwie schwer verdaulich war, fügte sie Kümmel hinzu. Wer ganzen Kümmel nicht leiden mag, kann auf die gemahlene Variante zurückgreifen.

An dieser Stelle nun zu Ehren meiner Oma Martel ihr Rezept für Weißkraut:

WEISSKRAUT À LA OMA MARTEL

Ihr nehmt:

1 kleiner Weißkrautkopf
1 gehackte Zwiebel
50 ml Pflanzenöl
3 Eßlöffel Zucker
Gemüsebrühe
Salz
5 Eßlöffel Essig
4 gekochte Kartoffeln vom Vortag
Optional: Kümmel

Schon kann es losgehen.

Ihr schneidet das Weißkraut feinblättrig. Das ist wohl die zeitaufwendigste Arbeit. Ihr wascht das geschnittene Weißkraut. Ihr bratet es in 2/3 des Pflanzenöls an. Ihr werdet sehen, das viele Weißkraut fällt ziemlich schnell in sich zusammen.

Nun erhitzt Ihr das restliche Öl und bratet die gehackte Zwiebel an. Sobald die Zwiebel braun gebraten ist, gebt Ihr den Zucker hinzu und laßt alles karamellisieren. Ihr erhaltet so etwas wie eine Karamellbonbonmasse, die natürlich nicht genießbar ist. Das liegt an der Zwiebel.

Diese klebrige Masse übergießt Ihr mit Gemüsebrühe oder mit Wasser, dem Ihr Gemüsebouillon hinzufügt. Darauf folgt der Essig. Wenn Ihr ganzen Kümmel ertragt, ist das der Zeitpunkt, diesen hinzuzufügen.

Ihr werdet sehen, daß sich die Karamellmasse auflöst. Anfangs sieht das nicht so aus. Ihr denkt: Oh Mist, das wird NIE etwas!

Aber oh Wunder: Ihr habt nun einen schmackhaften Sud, in den Ihr das gebratene Weißkraut geben könnt. Alles verrühren und noch einmal aufkochen lassen und 10- 15 Minuten köcheln lassen.

Dazu serviert Ihr die aufgewärmten Salzkartoffeln vom Vortag. Ihr könnt die Kartoffeln auch in Scheiben schneiden und das Weißkrautgemüse als Eintopf servieren.

Zum Abschmecken verwendet Ihr noch Brühe, Essig und natürlich Zucker. Wieder ist ein leckeres Gericht entstanden.

In manchen Gegenden Deutschlands wird das Gericht noch mit Schmand verfeinert.

Liebe Leserinnen, auch sogenannte Basisgerichte müssen beherrscht werden. Im Wesentlichen handelt es sich um Gerichte, die Euer Noch-Ehemann, Lebensabschnittspartner oder Freund von zu Hause kennt.

Die Standardwerke unserer Mütter und Omas hießen doch „Das praktische Kochbuch von Henriette Davidis" und „Dr. Oetkers Kochbuch".

Bereits im 19. Jahrhundert veröffentlichte Henriette Davidis das erste Kochbuch mit einer Rezeptsammlung, die alles umfaßte, was damals an Gerichten bekannt war.

Das Dr. Oetker Kochbuch war im Prinzip eine Eigenwerbung. In fast allen Rezepten wurde die Hausfrau darauf hingewiesen, daß die Kocherei mit Dr. Oetker Produkten ein Kinderspiel war.

Nein, lacht nicht! Schließlich werdet Ihr mit der Frage konfrontiert, was es denn zum Essen gibt. Täglich. Das ist die harte Realität.

In diesem Sinne wünsche ich Euch viel Kreativität beim Kochen. Es war mir eine Ehre, Euch dabei behilflich zu sein. Diese Kolumne wird nun vorübergehend eingestellt.

Zum Schluß noch ein Ratschlag meinerseits: Wenn es zeitlich ganz eng wird, kauft die Spaghetti von Miracoli samt Sauce und haltet Euch am besten einen Vorrat. In fünfzehn Minuten seid Ihr mit der Kocherei fertig und werdet Begeisterungsstürme ernten!

Ach ja, das Leben kann so einfach sein!

➤ *Menü „Délicieux"*

MAN NEHME...

LECKERE GERICHTE
Ohne Kapern und Sardellen

Manche Rezepte hören sich voll lecker an. Bis auf die Hinzugabe von bestimmten Zutaten, die fast niemand mag. Dazu gehören zweifelsohne Kapern und Sardellen. Hier also einige leckere Rezepte garantiert ohne ekelige Zutaten.

LASAGNE SUPREME
Man nehme:

2x Hüttenkäse
4 Tassen Mozzarella
½ Tasse Parmesankäse
1 Pfund Hackfleisch
1 Zwiebel, Knoblauch
1 Dose geschälte Tomaten, Tomatenmark
2 ½ Tassen Wasser
Oregano, Basilikum, Thymian, Petersilie
Salz, 1 geschlagenes Ei, Pfeffer
Gekochte Lasagne Nudeln

Hackfleisch mit Zwiebel und Knoblauch anbraten. Tomaten, Tomatenmark, Salz und Wasser hinzufügen. Basilikum, Oregano und Thymian zerkleinern und dazugeben. Reduzieren.

Hüttenkäse, Parmesankäse, geschlagenes Ei, Petersilie und Pfeffer in einer Schüssel zusammen rühren. Dann in einer gefetteten Auflaufform abwechselnd Nudeln, Käse-Mix, Hackfleischsauce und Mozzarella schichten. Mit Nudeln und Sauce enden. Ganz oben kann noch geriebener Käse gegeben werden. Im Backofen 35-45 Minuten backen.

Andere leckere Gerichte mit Hackfleisch sind:

Spaghetti mit Hackfleischtomatensauce
Spinat mit Hackfleisch und Crème Fraîche
Chili con Carne
Hackfleischklößchen mit Gemüse und Kartoffeln
Falscher Hase (Hackfleisch mit gewürfeltem Speck im Backofen
gebacken) mit Zitronensauce
Königsberger Klopse (ohne Kapern ...)
Hamburger, Cheeseburger
Tomatensauce mit Klopsen, dazu Reis, Nudeln, oder Kartoffeln
Kartoffelauflauf mit Hackfleisch
Nudelauflauf mit Hackfleisch
Bratkartoffeln mit Hackfleisch
Hackfleisch mit Pilzen und Tomatensauce
Gefüllte Paprika
Gefüllte Tomaten
Gefüllter Kohlrabi
„Der Imam fällt in Ohnmacht" (gefüllte Auberginen mit Käse
überbacken)
Hackklößchen mit Kartoffelsalat (auch kalt lecker ...)
Bayrisches Kraut mit Hackfleisch und Kartoffeln
Lauch mit Hackfleisch und Creme Fraîche dazu Kartoffeln
Hackbraten gefüllt mit gekochten Eiern (optisch sehr schön ...)
Hackbraten, dazu Rotkohl und Kartoffeln
Hackklößchen in Rahmsauce, dazu Nudeln und Salat
Reispfanne mit Gemüse und Hackfleisch
Hackklößchen mit Pommes und Salat
Nudeln/Reis mit Hackfleischsauce (ohne Tomate)
Krautwickel

Ohne Hackfleisch wäre die Küche eben arm dran ... So sieht es doch aus!

Aber auch Hühnchen ist sehr beliebt. Besonders gebratenes Huhn. Schließlich können Millionen von Amerikanern nicht irren.

Es geht ganz einfach.

LECKERE GERICHTE
Mit Hühnchen

GEBRATENES HÜHNCHEN „MARYLAND"
Man nehme:

Hühnchenteile ...
½ Tasse Mehl
1 Teelöffel Salz
½ Teelöffel Paprika
¼ Teelöffel Pfeffer
2 Eier
2 Eßlöffel Wasser
Semmelmehl

Hühnchenteile waschen und trocken tupfen. Mehl, Salz, Paprika und Pfeffer –am besten in einer Plastiktüte – mischen. Hühnchenteile mit Mehlmischung bedecken. Eier mit Wasser verrühren. Hühnchenteile hineingeben. Anschließend die Hühnchenteile in Semmelmehl wälzen. Am besten auch in einer Plastiktüte.

Hühnchenteile in Pfanne mit Öl 15-20 Minuten anbraten. Danach 30-40 Minuten bei reduzierter Hitze weiter braten. Hühnchenteile ein- bis zweimal umdrehen.

Noch ein leckeres Rezept für gebratenes Hühnchen:

KENTUCKY FRIED CHICKEN
Man nehme:

Hühnchenteile ...
Teig aus:
1 Tasse Mehl
1 Teelöffel Backpulver
½ Teelöffel Salz

1 Ei
1 Tasse Milch
¼ Tasse Salatöl
½ Tasse Mehl
1 Teelöffel Salz
1 Teelöffel Paprika
½ Teelöffel Pfeffer

Hühnchenteile zuerst bei geringer Hitze 20 Minuten kochen. Aus der Brühe nehmen und trocken reiben. Mehl, Salz, Paprika und Pfeffer mischen. Hühnchenteile damit bedecken. Anschließend durch den Teig ziehen und gut damit bedecken.
Zum Schluß in reichlich Fett 5-7 Minuten braten, bis die Hühnchenteile auf allen Seiten braun sind. Fett etwas abtropfen lassen, indem die Hühnchenteile auf ein Papier gelegt werden.

Und ein Klassiker …

PAPRIKAHUHN
Man nehme:

Hühnchenteile …
½ Tasse Mehl
1 Teelöffel Salz
1 Teelöffel Paprika
¼ Teelöffel Pfeffer
¼ Tasse Fett
2 mittelgroße Zwiebeln, fein geschnitten
1 Dose Tomaten, klein gewürfelt
1 Eßlöffel Paprika
2 Teelöffel Salz
¼ Teelöffel Salz
½ Tasse saure Sahne oder Schmand

Mehl, 1 Teelöffel Salz, 1 Teelöffel Paprika und ¼ Teelöffel Pfeffer mischen. Hühnchenteile darin wenden. 15-20 Minuten in Fett backen. Hühnchenteile herausnehmen. Zwiebeln in dem Fett anbraten. Tomaten, Paprika, Salz und Pfeffer dazugeben. Hühnchenteile hinzufügen. Abdecken. 30-40 Minuten bei kleiner Flamme kochen lassen. Hühnchenteile herausnehmen. Warm stellen. Saure Sahne/Schmand in der Sauce erhitzen. Über die Hühnchenteile gießen.

Noch ein paar leckere Ideen:

Hühnchenteile im Backofen backen. Mit Sauce aus Senf, Honig, Salz, Rosmarin und Pfeffer bestreichen (1/2 Stunde vor Ende der Backzeit). Hühnchenteile in Sojasauce einlegen (ca. 1 Stunde vorm Braten). Hühnerfrikassee (ohne Kapern!) Alles ohne Knochen möglich! Für die, die das nicht mögen! Und noch ein Hinweis in eigener Sache: Trotz BSE schmeckt Rindfleisch ausgesprochen gut. Es gibt eine tolle Sauce.

LECKERE GERICHTE
Mit Rindfleisch

Nun das beste Rezept überhaupt:

RINDERROULADEN
Man nehme:

1 Rinderroulade pro Person
Salz, Pfeffer, Senf
2 Zwiebeln in Scheiben geschnitten
1 saure Gurke (pro Roulade)
2-3 Speckscheiben (pro Roulade)

Rouladen auf beiden Seiten salzen und pfeffern. Auf einer Seite mit Senf bestreichen. Gurken in dünne Scheiben schneiden und auf der Roulade verteilen. Mit Speckscheiben und Zwiebeln belegen. Rouladen einrollen und mit Rouladennadeln befestigen.

Auf allen Seiten gut anbraten. Mit Wasser löschen. Rouladen gut bedeckt ca. 1-1 ½ Stunden kochen. Sauce salzen, pfeffern und mit Mehlschwitze binden. Mit Schmand abrunden.

Dazu schmecken Kartoffelklöße und Rotkraut. Oder auch Spätzle und Salat.

NEW ENGLAND POT ROAST
Man nehme:

4 Pfund Rinderbraten
¼ Tasse Mehl
1 Eßlöffel plus 2 Teelöffel Salz
1 ¼ Teelöffel Pfeffer
2 Eßlöffel Öl
8 kleine Tomaten halbiert
8 Karotten, halbiert der Länge und der Breite nach
8 kleine Zwiebeln
½ Teelöffel Salz
Sauce

Mehl, Salz und Pfeffer mischen. Braten damit gut einreiben. In Öl 15 Minuten anbraten. Hitze reduzieren. Wasser hinzugeben. Topf schließen und im Backofen bei 200^0 vier Stunden backen.

Ungefähr eine Stunde vor Ende der Garzeit das Gemüse und das Salz hinzufügen. Fleisch und Gemüse auf einer Platte warm halten.

Für die Sauce Fett erhitzen. Mit Mehl binden. Leicht anbräunen lassen. Mit dem Saft der Fleischsauce unter Rühren ablöschen. Aufkochen lassen. Mit Salz und Pfeffer abschmecken.

Fleisch und Gemüse mit der Sauce servieren. Schon Appetit bekommen?

Hier noch ein paar weitere leckere Rezeptideen mit Rindfleisch:

Sauerbraten
Steaks mit grünen Bohnen und Salzkartoffeln
Fondue
Schaschlik
Gulasch
Steaks im Backofen

(Steaks würzen und in Folie legen. Mit frischen Paprika und Zwiebeln belegen. Dann Folie schließen und im Backofen backen, wird sehr schön saftig!)

Steak Diane

(Steak mit Pilzsauce: Pilze, Zwiebel, Knoblauch in Butter anbraten. Mit Salz, Zitronensaft und Worcestersauce abschmecken. Petersilie dazugeben und über das Steak gießen)

Aus Suppenfleisch:

Nudelsuppe, Reissuppe
Wickelklöße mit Petersiliensauce
Matrosenfleisch
(Nudeln, Rindfleisch, Pilze, saure Gurken, Tomatensauce)
und, und, und ... Aus Rindfleisch läßt sich vieles machen!

LECKERE IDEEN
Mit Kartoffeln

Die meisten kennen und lieben Kartoffeln als wertvolles Gemüse – in Form von ... Kartoffelchips! Aber es gibt noch andere Rezeptideen.

KARTOFFELPUFFER
Man nehme:

Kartoffeln, geschält
1 Zwiebel
Salz, Pfeffer
Muskatnuß
1 Ei
Grieß oder weiche Haferflocken zum Binden
Öl zum Braten

Die Kartoffeln und die Zwiebel werden gerieben. Im Teig formt man eine Mulde. Das überschüssige Wasser, das sich ansammelt, wird abgeschöpft. In die Masse kommen Salz, Pfeffer, Muskatnuß, das Ei und etwas Grieß oder weiche Haferflocken zum Binden.

Die Teigmasse wird in einer Pfanne mit Öl ausgebacken (ca. 4 Puffer in der Pfanne). Wenn die Puffer auf einer Seite am Rand braun sind, werden sie gewendet.

Dazu schmeckt Apfelmus. Oder angerichteter Quark mit Zwiebel, Salz, Muskatnuß und Schnittlauch –, für diejenigen, die eher herzhafte Gerichte mögen.

KARTOFFELPUFFER-VARIATIONEN

Kartoffelpuffer mit Karotten
In die Masse werden zusätzlich Karotten gehobelt.

Kartoffelpuffer mit Käse
In die Masse wird zusätzlich Gouda gehobelt.

Kartoffelpuffer mit Spinat
In die Masse wird blanchierter Spinat gegeben.

Die Schweiz ist schön. Die Schweizer auch, wenn sie nicht gerade reden. Aber sie haben immerhin ein leckeres Gericht beizutragen.

RÖSTI
Man nehme:

Kartoffeln, geschält
Salz, Pfeffer, Muskatnuß
1 Ei
etwas Mehl zum Binden
Petersilie gehackt
Öl zum Braten

Die Kartoffeln werden grob gerieben. Das Wasser wird abgeschöpft. Gewürzt wird mit Salz, Pfeffer und Muskat. Das Ei und das Mehl werden hinzugegeben. Am Schluß die gehackte Petersilie.
Die Masse wird in einer Pfanne gebraten. Dabei kann man die Größe der Rösti frei wählen – von einer großen Rösti bis zu mehreren kleinen.

& MORE ...
Wie wär's z. B. mit Pellkartoffeln?

Salatkartoffeln werden in der Schale ca. 25 Minuten gekocht. Danach werden die Kartoffeln geschält. Aus Pellkartoffeln und mit Pellkartoffeln gibt es viele leckere Gerichte:

Pellkartoffeln mit Quark, Kräuterbutter und Leberwurst
Pellkartoffeln mit eingelegtem Hering
Kartoffelsalat schwäbischer Art
(mit Brühe, Essig, Öl und Zwiebel)
Kartoffelsalat mit Mayonnaise
(mit Zwiebel, sauren Gurken und gekochten Eiern)
Kartoffelbrei
(schmeckt besser als aus Salzkartoffeln)
Gebratener Kartoffelbrei
(wenn man etwas übrig hat ..., wie Puffer braten)
Kroketten

Kartoffelauflauf mit:
Käse
Gemüse
Käse und Gemüse
Spinat und Käsesahnesauce
Broccoli und Käsesauce
Bratkartoffeln
(aus übrig gebliebenen gekochten Kartoffeln)
Kartoffelklöße
(2/3 rohe, 1/3 gekochte Kartoffeln gefüllt mit gebratenen Brotwürfeln)
Bratkartoffeln mit Speck und Ei
Gnocchi
Pommes

Kartoffeln sind, wie man sieht, eben mehr als eine Beilage. Dies sei insbesondere den Schwaben gesagt!

LECKERE GERICHTE
Mit SCHWEINEFLEISCH-GERICHTE

Dazu fällt einem ja ganz spontan Schnitzel ein. Schnitzel – original – ist jedoch aus Kalbfleisch. Nun wollen wir die Kälber aber schonen und machen das Schnitzel aus Schweinefleisch, wie es bestimmt in 99 % der Restaurants auch serviert wird.

Also hier ist der Klassiker:

SCHNITZEL NACH WIENER ART
Man nehme:

1 Schnitzel (pro Person)
Salz, Pfeffer

Mehl
1 Ei
Semmelmehl
Öl zum Braten

Die Schnitzel werden geklopft, gesalzen und gepfeffert, danach in Mehl gewälzt (eine Tüte ist praktisch). Anschließend werden sie im geschlagenen Ei gewendet. Zum Schluß kommen sie in eine Tüte mit Semmelmehl. Sie werden in Öl ausgebraten, bis sie knusprig sind. Einmal wenden.
Original Wiener Schnitzel sind aus Kalbfleisch und keinesfalls zu verachten.
Die Schweiz hat noch ein Rezept zu bieten.

ZÜRICHER GESCHNETZELTES
Man nehme:

Geschnetzeltes vom Schwein
1 Zwiebel
Frische Champignons, geschnitten
Salz, Pfeffer
Etwas Mehl
Weißwein
Petersilie
Öl zum Braten

Das Fleisch muß fein geschnetzelt sein. Gegebenenfalls nochmals klein schneiden (Wir machen hier kein Gulasch!) Es wird mit der Zwiebel und den Champignons angebraten. Das Original ist übrigens ohne Zwiebel. Aber ein bißchen Zwiebel schadet nicht.
Danach wird das Fleisch mit etwas Mehl bestäubt und mit Weißwein abgelöscht. Das Ganze wird aufgekocht. Am Schluß kommt noch etwas Petersilie dazu. Dazu schmeckt natürlich das Rösti am besten!
Schweinefleisch wird ja in vielen Variationen angeboten.

Rezeptideen mit Schweinefleisch:

Nürnberger Würstchen mit Sauerkraut
Rollbraten
(mit Thymian und Senf eingerieben vorm Braten)
Schweinenacken
(Nackensteaks sind sehr saftig und besonders zum
Grillen geeignet. Dazu gedünstete Zwiebel mit Majoran. Das ist
ein Thüringisches Gericht!)
Minutensteaks
(Das sind ganz dünne Steaks, die in 2-3 Minuten fertig
gebraten sind; sie eignen sich als Beilage zu Gemüse und Kartoffeln
oder zu Salat im Sommer!)
Fleischkäse gebacken
(eignet sich sehr gut bei Parties, serviert zu Brot
und Salaten oder als Vesper mit Brötchen oder als kalten Brotbelag)
Gulasch
(schmeckt allerdings gemischt besser – mit Champignons,
frischer Paprika und Tomaten)
Bratwürste
(schmecken gut mit Gemüse und Salzkartoffeln)
Schweinebauch mit Sauerkraut und Pellkartoffeln
Schweinebraten
(ganz klassisch mit angebratenem Wurzelgemüse, aber die Zeit
beachten –Braten braucht 2-3 Stunden – s. auch klassischer Pot Roast)
Wurstsalat
(mit in Streifen fein geschnittener Wurst, Zwiebeln, sauren
Gurken, Salz, Pfeffer, Essig und Öl)
Schweizer Wurstsalat
(wieder die Schweizer!) – zum Wurstsalat
geriebener Käse
Schweinerouladen
(wie Rinderrouladen – schmeckt besser, wenn
zusätzlich mit herzhaftem Käse gefüllt)

Schweinefleisch ist in allem drin – oder fast. Deshalb sollen die Anregungen bis hierher genügen.

LECKERE GERICHTE
Mit Lammfleisch

Lamm mögen nicht alle. Vor allem muß es heiß sein, sonst schmeckt es wirklich nicht.
Hier die beliebtesten Rezepte:

LAMB STEW

Man nehme:

1 Eßlöffel Bratfett
1 ½ Pfund Lammschulter in Würfel geschnitten
2 geschnittene Zwiebeln
2 Tassen Rinderbrühe
3 Kartoffeln in dünne Scheiben geschnitten
½ Teelöffel Salz
¼ Teelöffel Pfeffer
¼ Teelöffel Majoran
1/8 Teelöffel Thymian
1 Packung gefrorene Erbsen

Fett im Topf heiß werden lassen. Fleisch braun anbraten. Fett abgießen. Zwiebeln hinzufügen. Umrühren und weich braten. Brühe hinzugießen. Abdecken. Zwei Stunden köcheln lassen. Kartoffeln und Gewürze hinzugeben. 30 Minuten köcheln lassen. Überschüssiges Fett abschöpfen. Erbsen hinzufügen. Nochmals 10 Minuten kochen lassen.
Anstatt der Erbsen kann man auch ein anderes Gemüse verwenden. Dazu kann man Klöße servieren.

SCHÄFERS LAMM
Man nehme:

8 Portionen Kartoffelbrei
2 Eßlöffel Petersilie
2 Tassen gekochte Lammwürfel
¼ Tasse geschnittene Zwiebel
2 Tassen gekochtes Gemüse (Erbsen, Karotten, Mais, Bohnen)
2 Tassen dunkle Bratensauce

Ofen auf 180^0 erhitzen. Petersilie in den Kartoffelbrei rühren. Restliche Zutaten verrühren und in eine Auflaufform füllen. Kartoffelbrei oben darauf verstreichen. 30 Minuten backen lassen, bis die Kartoffelmasse leicht braun ist.

Was auch noch schmeckt, z. B. Lammkotelett mit grünen Bohnen und Kartoffeln.

SCHWEDISCHES LAMM MIT DILLSAUCE
Man nehme

2 Eßlöffel Butter oder Margarine
2 Eßlöffel Mehl
¼ Teelöffel Salz
Prise Pfeffer
¾ Tasse Hühnerbrühe
¼ Tasse Essig
1 – 2 Eßlöffel Zucker
1 Teelöffel Dill
4 Scheiben gekochtes Lamm
2 hartgekochte Eier in Scheiben

Butter in Pfanne zerschmelzen lassen. Mehl, Salz und Pfeffer hineinrühren.

Wenn die Mischung glatt ist und Bläschen wirft, von der Kochstelle nehmen. Brühe hinzufügen. Unter Rühren aufkochen und 1 Minute weiterkochen lassen.

Essig, Zucker und Dill hinzufügen. Lamm hinzugeben. Sauce über das Lamm geben. 5 Minuten kochen lassen. Fleisch mit Sauce und Eierscheiben servieren.

LAMM MAROKKANISCH
Man nehme:

Lammkeule
6 Tomaten
3 Zwiebeln
12 Kartoffeln
6 weiße Rübchen
2 Orangen
1 Teelöffel Cumin
1 Teelöffel Curiuma oder etwas Safran
1 Teelöffel Koriander
1 Teelöffel Thymian
Salz, Pfeffer, Olivenöl

1 Orange auspressen, mit den Gewürzen mischen und Öl hinzufügen. Das Lammfleisch damit einpinseln.

Kartoffeln schälen, vierteln, Tomaten vierteln, Rübchen schneiden, Zwiebeln schälen und schneiden.

Das Fleisch und die Gemüsemischung in einen Bräter geben. Die Orangensaft/Gewürzmischung mit Bier/Cognac/Whiskey verlängern und darübergießen.

Orangenscheiben aufs Fleisch legen. Alles in den Backofen geben (ca. 1 ½-2 Std.). Vor Ende der Backzeit den Deckel abnehmen, die Temperatur auf 250^0 erhöhen und danach nochmals ¼ Stunde bräunen lassen.

LECKERE GERICHTE
Mit Fisch und Meeresfrüchte

Fisch ist ja sehr gesund und sollte auch zubereitet werden, wenn es nicht gerade Freitag ist. Das geht mit diesen Rezepten ganz einfach.

LACHSFILET AL FORNO MIT KARTOFFELN
Man nehme:

¼ Tasse Zitronensaft
2 Eßlöffel Majoran, gerebelt
2 Teelöffel Zwiebelsalz
Kartoffeln, roh, in dünne Scheiben geschnitten
Geschmolzene Butter oder Margarine
Gewürzsalz
Pfeffer
4 Lachsfilets

Zitronensaft, Majoran und Zwiebelsalz verrühren. Kartoffeln mit geschmolzener Butter bestreichen und mit Gewürzsalz und Pfeffer würzen. Kartoffeln bei 250^0 in den Backofen schieben. 5 Minuten backen. Nochmals mit Butter bestreichen. Lachsfilets mit geschmolzener Butter und der Hälfte der Zitronensaftmischung bestreichen. 4-5 Minuten backen.

Anschließend Kartoffeln und Lachsfilets umdrehen. Kartoffeln mit geschmolzener Butter bestreichen und mit Gewürzsalz und Pfeffer würzen. Lachsfilets mit geschmolzener Butter und der restlichen Zitronensaftmischung bestreichen und leicht mit Pfeffer würzen.

Beides nochmals 4 – 5 Minuten backen. Dazu schmeckt Tsatsiki sehr gut.

Meeresfrüchte sind Geschmackssache. Aber für diejenigen, die sie mögen, ein leckeres Rezept:

SHRIMPS MIT TEUFELSSAUCE
Man nehme:

1 geschlagenes, rohes Ei
¼ Teelöffel Salz
2 Tassen Shrimps
½ Tasse Semmelmehl
¼ Tasse Butter oder Margarine
2   Tassen gekochter Reis

Ei und Salz verrühren. Shrimps darin wälzen. Anschließend in Semmelmehl wenden und in Butter ausbraten.

TEUFELSSAUCE
Man nehme:

1 klein gehackte Zwiebel
1 zerdrückte Knoblauchzehe
2 Eßlöffel Butter oder Margarine
¼ Liter Hühnerbrühe
2 Eßlöffel Steaksauce
1 ½ Teelöffel Senf
½ Teelöffel Salz
¼ - ½ Teelöffel Pfeffersauce
1-2 Eßlöffel Zitronensaft

Butter in einem kleinen Topf erhitzen. Zwiebel und Knoblauch werden leicht angebraten. Alles mit Hühnerbrühe ablöschen. Die restlichen Zutaten nun hinzufügen – außer den Zitronensaft. 15 Minuten reduzieren.

Am Schluß den Zitronensaft dazu geben. Die Shrimps auf dem Reis anrichten und mit der Sauce übergießen.

Weitere leckere Rezepte mit Fisch und Meeresfrüchten:

Gekochter Fisch
(in einem Essigsud mit Lorbeerblatt und Wacholderbeeren)
Gebratener Fisch
(paniert wie Wiener Schnitzel)
Thunfischsalat
(mit Zwiebel, saurer Gurke, gekochtem Ei und Mayo)
Thunfisch-Nudel-Kasserolle
(mit saurer Sahne, Milch, Champignons, überbacken mit Semmelmehl, Parmesan und geschmolzener Butter)
Shrimp-Cocktail
(mit frischen Champignons, Mayo, Tomatenketchup und Cognac)
Fischstäbchen
(das mögen nicht nur Kinder – allerdings weiß niemand so genau, was da drin ist! Also Vorsicht! Nur im Notfall essen oder wenn der Appetit nicht zu zügeln ist)
Forelle nach Art der Müllerin
(Forelle mit Wurzelgemüse in Folie gebacken)

Auf alle Fälle ist es immer gut, ein paar Dosen Thunfisch im Haus zu haben – mit oder ohne Öl. Daraus lassen sich auch leckere Klößchen (wie Hackklößchen) braten.

LECKERE GERICHTE
Von Gemüse bis Salat

Wenn es nach den Ernährungswissenschaftlern ginge, müßten wir jeden Tag mindestens dreimal Gemüse essen. Besser wäre sogar fünfmal. In deutschen Landen dient Gemüse aber leider meist nur als eine lästige Beilage.

Hier einige schmackhafte Rezepte, die das Gemüse eindeutig aufwerten:

MEDITERRANE SALATSCHÜSSEL
Man nehme:

1 kleine Eierfrucht
½ Tasse saure Sahne
1 Teelöffel Zitronensaft
1 Teelöffel gehackte Petersilie
½ Teelöffel Salz
½ Teelöffel Dill
¼ Teelöffel grober Pfeffer
1 kleine zerdrückte Knoblauchzehe
1 Tasse Croutons
2 Teelöffel geschmolzene Butter
4 Tassen zerpflückter, grüner Salat
Oliven (für die, die das mögen – muß aber nicht unbedingt sein)

Eierfrucht in kleine Stücke schneiden. 5 Minuten in Salzwasser kochen. Abgießen und kalt stellen. Saure Sahne, Zitronensaft, Petersilie, Salz, Dill und Knoblauch mischen. Kalt stellen. Croutons in Butter anbraten.

Vor dem Servieren den Salat, die Eierfrucht, die Mischung aus saurer Sahne und die Croutons vermischen. Das Ganze mit den Oliven dekorieren.

BOHNENSALAT MIT GERÄUCHERTEM SPECK UND EI
Man nehme:

2 Dosen grüne Bohnen (abgegossen)
1 gehackte Zwiebel
1/3 Tasse Salatöl
¼ Tasse Essig
½ Teelöffel Salz
¼ Teelöffel Pfeffer
4 hartgekochte Eier, geschält und klein gehackt
¼ Tasse Mayonnaise

1 Teelöffel Senf
2 Teelöffel Essig
¼ Teelöffel Salz
4 Streifen gebratener, zerkleinerter Räucherspeck
Grüner Salat

Bohnen, Zwiebel, Öl, ¼ Tasse Essig, ½ Teelöffel Salz und den Pfeffer vermischen. Kalt stellen. Eier, Mayonnaise, Senf, 2 Teelöffel Essig und ¼ Teelöffel Salz vermischen. Kalt stellen. Vor dem Servieren die Bohnen mit dem Speck vermischen. Auf dem Salat anrichten. Darauf jeweils einen Löffel der Eier-Mayonnaise-Mischung geben. Mit Paprika bestreuen, falls gewünscht.

GEBACKENE TOMATEN
Man nehme:

4 mittelgroße Tomaten in Scheiben
Butter
Salz
Pfeffer
Zucker
Oregano
Basilikum
(nur für die, die das mögen ...)

Auf die Tomatenscheiben etwas Butter geben. Mit Salz, Pfeffer, Zucker und Oregano würzen. Bei 250^0 5 Minuten backen.

Variation: Gebratene Tomaten

Die Tomaten werden mit Ei und Semmelmehl paniert, anschließend in Butter gebraten. Nach Geschmack salzen und pfeffern. Das schmeckt so gut, wie es in dem Film „Fried Green Tomatoes" aussieht.

Hier noch ein paar leckere Rezeptideen mit Gemüse:

Gemüsesuppe
(ist gut für die Verwertung von Resten)
Irish Stew
(Lamm mit Wurzelgemüse und Weißkraut)
Gebratener Blumenkohl
(paniert)
Gebratene Gemüse
(paniert) als Vorspeise (wie beim Griechen)
Gebackene Paprika
(siehe Rezept: Tomaten – geht schnell!)
Gemüseauflauf *(mit Milch oder saurer Sahne und Käse)*

Gemüse können auf vielfältige Art zubereitet werden und sind weit mehr als nur eine Beilage.

LECKERE KUCHEN
Von fruchtig bis süß

Viele trauen sich nicht, Kuchen zu backen. Sie kaufen lieber eine Back-Mischung von Dr. Oetker. Das ist aber völlig überflüssig. Kuchen geht ziemlich einfach. Man nehme die Zutaten, verrühre alles, ab in den Backofen. Fertig!
Hier zwei leckere Kuchen-Rezepte:

APFELMUS-KUCHEN
Man nehme:

2 ½ Tassen Mehl
2 Tassen Zucker
1 Packung Backpulver
1 ½ Teelöffel Salz
¼ Teelöffel Natron
¾ Teelöffel Zimt

½ Teelöffel geriebene Nelken
1 ½ Tassen Apfelmus
½ Tasse Wasser
½ Tasse Butter oder Margarine
2 Eier
zusätzlich: 1 Tasse Rosinen, ½ Tasse gehackte Walnüsse
(falls gewünscht)

Ofen auf 180⁰ vorheizen. Backform einölen und mit Mehl bestäuben. Alle Zutaten mischen und gut verrühren. In Backform gießen. 60-65 Minuten backen. Kuchen kann anschließend mit Puderzucker bestäubt oder mit einer Sauce übergossen werden. Einfach, oder?
Nun etwas zu Weihnachten. Dieser Kuchen kann bereits vier Wochen vor dem Fest gebacken werden. Das hilft enorm bei den Vorbereitungen. Schließlich muß frau zu Weihnachten kochen und nicht backen. Nicht DAS auch noch. Und schon geht es los:

FRÜCHTEKUCHEN
Man nehme:

3 Tassen Mehl
1 1/3 Tassen Zucker
2 Eßlöffel Salz
1 Teelöffel Backpulver
2 Teelöffel Zimt
1 Teelöffel Muskat
1 Tasse Orangensaft
1 Tasse Salatöl
4 Eier
¼ Tasse Sirup
2 Tassen Rosinen
1 Packung geschnittene Datteln
1 Pfund gemischte kandierte Früchte
½ Pfund gehackte Nüsse
Brandy

Über Nacht werden die Rosinen, Datteln und kandierte Früchte in Brandy eingeweicht. Am besten in einem geschlossenen Gefäß, das im Kühlschrank aufbewahrt wird. Die Backform wird mit Alu-Folie ausgeschlagen. Ofen wird auf 150^0 vorgeheizt.

Alle Zutaten, außer den Früchten und Nüssen, werden gut verrührt. Danach werden diese hinzugefügt. Nochmals umrühren. Die Mischung kommt in die Backform. Gleichmäßig verteilen.

2 ½-3 Stunden backen lassen. Falls nötig 1 Stunde, vorher mit Alu-Folie abdecken, damit der Kuchen nicht zu braun wird. Aus der Form stürzen. Abkühlen lassen. In Alu-Folie einwickeln. Mit einem Küchentuch abdecken.

Der Kuchen kann nun regelmäßig mit Brandy übergossen werden. Nach vier Wochen ist der Kuchen ein besonderer Genuß. Er schmeckt aber schon gleich nach dem Abkühlen hervorragend. Meist hält er sich nicht einmal bis Weihnachten.

Süße Kuchen & Co.

Käsekuchen
(Quark ist schließlich gesund, oder?)
Hefezopf
(einfach und gut)
Erdbeerkuchen
(Boden kann käuflich erworben und bedeckt werden – mit Früchten nach Wahl – schmeckt auch mit Pfirsichen, Aprikosen etc.) dazu Sahne
Muffins
(kleine Kuchen mit Heidelbeeren oder Erdbeeren)
Hirschhornkuchen
(mit Hirschhornsalz und Streuseln)
Bananenkuchen
(bleibt gut feucht und schmeckt auch noch am nächsten Tag)

Kuchen gibt es Tausende. Auch Gebäck. Auf alle Fälle: Keine Angst vorm Backen.

Wenn alle Zutaten genau abgemessen sind (mehr oder weniger), kann gar nichts passieren. Meist braucht man nur eine Schüssel, die Zutaten, eine Backform und etwas Zeit. Viel Erfolg!

> *Menü „Varié"*

SPAGHETTI – oder „Pommes, Ketchup, Legoland"

LETZTEN DONNERSTAG rief meine Schwester Stefanie ganz aufgeregt bei mir an.

„Angelika, Du hast doch morgen frei, richtig? Kannst Du Nico und Chris mittags verköstigen? Ich muß Rudolf vom Flughafen abholen. Bitte!"

Rudolf ist der Vater von Nico und Chris. Weswegen ausgerechnet Stefanie Rudolf vom Flughafen abholen wollte, war mir ein Rätsel. Rudolf hatte meine Schwester sitzenlassen, um mit einer zwanzig Jahre Jüngeren ein neues Leben zu beginnen.

„Stefanie, da komme ich jetzt nicht mehr mit. Ich dachte, Rudolf sei für Dich sozusagen gestorben!"

„Katja hat sich von Rudolf getrennt und ist zu ihrer Jugendliebe zurückgekehrt."

Na prima! Das erklärte alles. Katja hatte festgestellt, daß sie mit einem Mann zusammen lebte, der locker ihr Vater sein konnte. Gratulation! Offensichtlich hatte Katja Probleme mit den Grundrechenarten. Rudolfs Alter minus ihr eigenes Alter ergab: 20! Kopfrechnen ist definitiv aus der Mode gekommen. Ohne Excel geht da gar nichts mehr.

„Und nun klopft Rudolf wieder bei Dir an, weil er weder kochen noch waschen kann?"

„Jetzt sei mal nicht so zynisch, Angelika! Rudolf geht es wirklich schlecht. Er weinte am Telefon."

„Sicher, Rudolf ist ein Waschlappen! Er trieft vor Selbstmitleid. Vermutlich hatte er gerade zehn Whiskey zu sich genommen, bevor er heulend bei Dir anrief."

„Nein, bestimmt nicht, Angelika. Rudolf trinkt überhaupt keinen Whiskey mehr. Er ist auf Bordeaux umgestiegen."

„Schon klar. Nach drei Flaschen Bordeaux werde ich auch melancholisch."

„Meine Therapeutin hat gesagt, ich solle mich mit Rudolf treffen, damit wir uns aussprechen. Genau das will ich morgen machen. Ich hole ihn vom Flughafen ab, und wir fahren zum Steigenberger."

„Super, Stefanie. Ihr trefft Euch in einem Hotelzimmer? Wie das ausgeht, dürfte klar sein."

„Nein, natürlich nicht. Wir treffen uns auf *neutralem* Boden. Darauf bestand meine Therapeutin. Das Treffen findet in der Hotellobby statt."

Natürlich. Nahe der Rezeption, wo man jederzeit bei Bedarf ein Zimmer mieten kann. Mir sollte es egal sein. Wenn sich Stefanie ein zweites Mal ins Unglück stürzen wollte, wer konnte sie davon abhalten? Ich nicht.

„Nimmt Deine Therapeutin auch an dem Treffen teil?"

Nennen Sie es den letzten Versuch, das Unheil zu verhindern …

„Nein. Meine Therapeutin sagt, ich sei volljährig und für mich selbst verantwortlich. Allerdings weiß ich nicht, ob ich schon so weit bin."

Als die Zeiten noch gut waren, war man mit 21 Jahren volljährig. Alle jubelten, als die Volljährigkeit mit 18 Jahren proklamiert wurde!

Mich beschlich damals schon der Verdacht, es ging im Wesentlichen darum, Auto fahren zu dürfen.

Bei Stefanie verhielt sich das während der Ehe mit Rudolf so: Sie fuhr morgens gemeinsam mit ihm zur Firma, in der er arbeitete. Stefanie war natürlich Beifahrerin. Rudolf stieg aus; Stefanie kutschierte den teuren BMW zurück nach Hause in die Garage. Nachmittags fuhr Stefanie dann zu Rudolfs Firma, um ihn abzuholen. Sobald Rudolf auftauchte, rutschte Stefanie auf den Beifahrersitz. Rudolf übernahm das Lenkrad.

Insgesamt betrachtet, steuerte er die Ehe in den Abgrund.

Nun, 50 % der Ehen in den Städten scheitern. Ich sollte in der Tat nicht so kleinlich sein. Das war wie Roulette-Spielen. Ich selbst hatte das Kasino nie betreten. Männer! Also nein! Man konnte sein Leben auch anders ruinieren.

„Stefanie, also ich weiß nicht. Was erwartest Du denn von dem Treffen mit Rudolf?"

„Wir müssen uns einfach aussprechen. Schließlich haben wir zwei Kinder!"

Immer wieder dasselbe Mißverständnis. Frauen wollen reden, Männer wollen samt Frau Richtung Bett. Wenn Reden dazu notwendig ist, dann reden Männer. Irgendetwas.

Aber wie gesagt, ich war da außen vor. Kein Mann, keine Kinder, ich hatte gut reden.

„Dann sprich Dich mit Rudolf aus. Ich übernehme Nico und Chris zum Mittagessen und bespaße sie nachmittags."

Das war ja kein Problem. Pommes in die Fritteuse + Ketchup = glückliche Kinder. Danach ins Legoland und die Welt war in Ordnung.

„Angelika, gib den Kindern ja keine Pommes zum Essen und geh keinesfalls ins Legoland! Pommes sind ungesund und Legoland ist der reine Kommerz!"

Haarscharf erkannt, Stefanie! Warum nur benutzte sie ihren Verstand nicht, wenn es um Rudolf ging?

Weswegen nur verdienten McDonald's & Co. so viel Geld? Warum konnte man Legoland nicht verlassen, ohne durch den angeschlossenen Laden geschleust zu werden?

Fragen über Fragen, womit sich Stefanie gerade eher nicht beschäftigte.

„Also gut, Stefanie, ich koche Spaghetti und anschließend geht es in den Zoo."

„Das ist super, Angelika. Vielen Dank, Schwesterlein. Ich bringe Nico und Chris morgen um 12.15 Uhr vorbei."

Während ich abends die zweite Flasche Bordeaux leerte, dachte ich an den morgigen Tag. Spaghetti kochen – kein Problem. Doch Moment mal! Nur Spaghetti ging ja nicht! Was für eine Sauce sollte ich nur kochen? Bolognese. Logisch.

Um 11.45 Uhr machte ich mich ans Werk. Spaghetti Bolognese ist ja nicht nur deshalb so populär, weil es ein schnelles Gericht ist, sondern weil es einfach super schmeckt.

Rein ernährungstechnisch sieht es doch so aus: Spaghetti sind Hartweizennudeln, die Hochleistungssportler zu sich nehmen, bevor sie Weltrekorde erringen. Tomaten machen glücklich, sofern sie heiß serviert werden. Im Salat bringen Tomaten gar nichts. Im Hackfleisch nun steckt die Lebenskraft schlechthin. Das darin enthaltene Fett ist der Geschmacksträger.

Die Spaghetti köchelten. Ich hackte eine Zwiebel klein. Das erstklassige Olivenöl für einen unverschämten Preis erhitzte ich langsam in einer Pfanne. Als die Zwiebel leicht gebräunt war, gab ich das gemischte Hackfleisch hinzu. Etwas Salz, etwas Pfeffer. Danach folgten geschälte Tomaten aus der Dose, etwas Tomatenmark, Oregano und eine Prise Zucker. Ein Eßlöffel Ketchup rundete die Sauce ab.

Ich goß die Spaghetti ab und schaltete die Kochplatte aus, auf der die Sauce Bolognese leicht vor sich hingeköchelt hatte.

Es klingelte.

Wer sagte es! Perfektes Timing!

Nico und Chris stürmten ins Eßzimmer.

„Tante Angelika, wo ist denn das Essen? Wir haben einen Riesenhunger!"

Stolz servierte ich meine perfekten Spaghetti Bolognese.

Nico und Chris nahmen einen Bissen.

„Igitt, Tante Angelika! Was ist das denn?"

„Das sind selbstgemachte Spaghetti Bolognese. Was sonst?"

„Das kennen wir nicht. Das ist ja eklig."

„Ihr mögt keine Spaghetti?"

Das hätte Stefanie ja erwähnen können. Nun, ihre Gedanken waren wohl gerade woanders.

„Wir lieben Spaghetti. Von Miracoli!"

„Nico, Chris, vergeßt meine Spaghetti. Wir gehen jetzt zu McDonald's und anschließend gehen wir ins Legoland."

Wenn schon, denn schon. Mittlerweile war sowieso alles egal!

GUTER KARTOFFELSALAT – oder „Liebe geht durch den Magen"

LETZTEN SAMSTAG sprach Martin, mein Lebensabschnittspartner, zu mir: „Schatzi, ich fahre zum Supermarkt und erledige den Wochenendeinkauf. Danach gehe ich noch zum Metzger Heinze und besorge ein paar von den leckeren Thüringer Bratwürsten. Ich habe gestern bei Heinzes angerufen und die Würste zurücklegen lassen. Die sind immer ruckizuck ausverkauft. Es wäre klasse, wenn Du einen guten Kartoffelsalat anrichten würdest. Die Bratwürste sind schnell gegrillt."

„Das ist eine prima Idee, Martin."

Während ich die Kartoffeln für den Salat aufsetzte, dachte ich, welch Glück ich doch hatte. Martin war wirklich lieb. Ich haßte es, samstags in den Supermarkt zu gehen. Dort ging es zu, als ob demnächst die Lebensmittel ausgingen. Ganz schlimm war es, wenn sich ans Wochenende noch ein Feiertag anschloß wie an diesem Wochenende.

Anscheinend besaßen die wenigsten Haushalte Kühlschränke, Tiefkühltruhen oder Vorratskammern.

Außerdem machte sich der Frischkostwahn breit. An den Obst- und Gemüseregalen kam es zu regelrechten Kämpfen um die letzten Salatköpfe. Was während der Woche versäumt wurde, sollten am Wochenende ein paar halb verwelkte Salatblätter wieder gutmachen. Da war Martins Idee mit dem Kartoffelsalat doch wirklich super.

Die Kartoffeln kochten. Ich schaltete den Herd auf Stufe vier runter.

Aber Moment mal ... Martin hatte von einem „guten" Kartoffelsalat gesprochen. Was genau sollte das denn sein? Gab es auch „schlechten" Kartoffelsalat?

So lange kannte ich Martin noch nicht, um mit seinen kulinarischen Vorlieben vertraut zu sein.

Zum Glück leben wir in einer hochtechnisierten Welt, in der jeder immer erreichbar ist.

Ich griff zum Telefon und wählte Martins Handynummer. Das Handy klingelte und zwar im Wohnzimmer. Mist!

Nun, ganz hilflos war ich dadurch nicht. Wir leben in modernen Zeiten mit Internet, wo ja wirklich alles drin steht und man alles finden kann, was man sucht. Das wäre doch gelacht!

Während die Kartoffeln vor sich hin köchelten, konnte ich sowieso nichts machen. Also schaltete ich meinen Laptop an und gab „guter Kartoffelsalat Rezept" ein.

In 0,21 Sekunden landete ich ca. 503.000 Treffer. Super!

Flugs gab ich zur Gegenprobe „schlechter Kartoffelsalat Rezept" ein und erhielt in 0,23 Sekunden 133.000 Treffer. Wahnsinn!

Diese ganze Internetgeschichte schien mir etwas unausgegoren zu sein.

Wie nur sollte ich DEN guten Kartoffelsalat finden, den Martin meinte?

Das völlig überschätzte Internet half mir jedenfalls nicht weiter, soviel war klar.

Ich rief also Jörg an. Jörg ist Martins bester Freund.

„Jörg, kannst Du mir helfen? Martin möchte, daß ich einen ‚guten' Kartoffelsalat zubereite. Weißt Du, was er damit meint?"

„Nein, Kerstin. Mit Kochen kenne ich mich überhaupt nicht aus. Ich gebe Dir mal Charlotte."

Charlotte ist Jörgs Ehegattin.

„Um was geht es, Kerstin? Um einen Kartoffelsalat? Es gibt zig Rezepte. Welches Kartoffelsalatrezept meinst Du denn?"

„Ich hoffte, genau das von Dir zu erfahren, Charlotte. Welchen Kartoffelsalat findet Martin gut?"

„Na meinen natürlich! Das letzte Mal, als ich ihn zubereitete, nahm Martin dreimal Nachschlag."

„Das hört sich super an, Charlotte. Wie machst Du nun Deinen tollen Kartoffelsalat?"

„Also, Du kochst die Kartoffeln. Wenn sie nach ca. 25 Minuten gar sind, schälst Du sie."

Ich war ja nicht bekloppt! Warum dachten Hausfrauen eigentlich immer, daß berufstätige Frauen nicht kochen können? Diese Frage stellte ich vorsichtshalber nicht. Schließlich wollte ich das Rezept von Charlotte.

„Anschließend schneidest Du die Kartoffeln in kleine Würfel und gibst sie in eine große Salatschüssel."

Nein, ich würde die Kartoffeln gar nicht schneiden und in einen Bräter geben. Für wie doof hielt mich Charlotte eigentlich?

„Du übergießt die geschnittenen Kartoffeln mit Brühe ..."

„Charlotte, Martin mag einen schwäbischen Kartoffelsalat am liebsten?", versuchte ich die Sache abzukürzen.

„Kerstin, Du weißt, was ein schwäbischer Kartoffelsalat ist?"

„Sicher, Charlotte. Eine meiner beiden Omas wohnt in Tübingen."

„Ach, das wußte ich nicht. Also, Du machst einen schwäbischen Kartoffelsalat. Während der zieht, blanchierst Du fein gehobeltes Weißkraut. Das Weißkraut mußt Du gut salzen, tüchtig mit Essig und Öl begießen und gut umrühren. Dann schichtest Du den Weißkrautsalat immer abwechselnd mit dem Kartoffelsalat. Fertig."

„Das hört sich wirklich gut an, Charlotte. Besten Dank für das Rezept."

„Keine Ursache, Kerstin. Tschüß!"

Schichtsalate stammten aus den 70er Jahren. Aber wenn sie schmeckten, warum nicht?

Wenn Martin von dem Kartoffelsalat gleich drei Nachschläge nahm, dann war das natürlich, äh, normal war das, genau!

Martin gehört nämlich zur Sorte der unkritischen Esser. Wenn das Essen nicht gerade ungenießbar war, lobte er praktisch alles, was man ihm vorsetzte.

Um ganz sicher zu gehen wegen des „guten" Kartoffelsalates, rief ich noch bei Dieter an. Das ist Martins zweitbester Freund. Zum Glück war Susi dran, Dieters Freundin. Männer verstehen vom Kochen wirklich nichts, bis auf die wenigen Exemplare, die sich in Kochsendungen die Zeit vertreiben.

„Susi, was meint Martin mit einem ‚guten' Kartoffelsalat?"

„Meinen natürlich, Kerstin."

Was für eine dämliche Frage meinerseits. Selbstverständlich.

„Und wie machst Du Deinen Kartoffelsalat? Den Part mit Kartoffeln kochen, schälen und schneiden kannst Du weglassen."

„Ach, Du hast bereits mit Charlotte gesprochen?"

„Richtig. Wie hast Du das nur erraten?"

„Weil Charlotte meint, daß berufstätige Frauen per se nicht kochen können und man ihnen alles von Adam und Eva an erklären muß."

„Das stimmt. Charlottes Kartoffelsalatrezept ist im Prinzip ein schwäbischer Kartoffelsalat, der mit Weißkrautsalat geschichtet wird."

„Ich kenne Charlottes Kartoffelsalat. Er schmeckt wirklich gut. Mein Rezept ist ähnlich, nur schichte ich den schwäbischen Kartoffelsalat mit einem Linsensalat."

„Ach, das ist auch interessant, Susi. Die Linsen unterstreichen die schwäbische Note. Immer wenn ich meine Oma in Tübingen besuche, gibt es ‚zufällig' Linsen mit Spätzle."

„Sei froh. Wenn ich meine Oma in Hamburg besuche, gibt es immer eingelegten Matjeshering. Ich hasse rohen Fisch!"

„Susi, da ziehe ich die Linsen mit Spätzle vor. Besten Dank jedenfalls für das Kartoffelsalatrezept."

„Keine Ursache. Viel Erfolg bei der Zubereitung."

So, nun hatte ich den Salat – im wahrsten Sinne des Wortes …

Nun hatte ich zwei zweifelsohne sehr schöne Kartoffelsalatrezepte. Nur, welches von beiden war das, was Martin bevorzugte? Vielleicht war es Martin gar egal?

Wer konnte das wissen?

Logisch, seine Mutter! Warum war ich da nicht schon eher draufgekommen?

„Heidemarie, schön, daß ich Dich erreiche. Ich habe es mit einem Rezeptnotstand zu tun. Martin möchte, daß ich einen ‚guten' Kartoffelsalat zubereite. Was genau meint er damit? Ich kann ihn nicht erreichen, weil er sein Handy zu Hause vergessen hat."

„Kerstin, mein Mädchen, wie hälst Du es nur mit Martin aus? Er ist so etwas von schusselig!"

„Ach, ich finde das ganz liebenswert. Was meint Martin nun mit dem ‚guten' Kartoffelsalat?"

„Na, meinen natürlich!"

Wie hatte ich daran auch nur eine Sekunde zweifeln können?

„Und wie genau bereitest Du Deinen Kartoffelsalat zu, Heidemarie?"

„Oje, da muß ich erst mal meine Brille suchen. Wo ist sie nur? Das Rezept steht in meiner Rezeptsammlung ganz vorne. Auswendig weiß ich es nicht mehr. Kartoffelsalat für eine Person zuzubereiten, das wird nichts."

Da war etwas Wahres dran. Man nehme zwei Kartoffeln –, also nein, das konnte nichts werden …

„Meine Brille war erstaunlicherweise im Brillenetui. So, jetzt lese ich Dir das Rezept vor. Hast Du etwas zum Schreiben zur Hand und ein Stück Papier?"

„Ja, selbstverständlich", log ich. Ich würde mir ja wohl ein Kartoffelsalatrezept merken können! Hoffentlich.

„Also, am besten Du nimmst Sieglinde."

„Welche Sieglinde denn?"

„Na, die Kartoffelsorte Sieglinde. Euch jungen Dingern muß man wirklich alles erklären."

Touché!

„Von Dir kann man wirklich etwas lernen, Heidemarie. Also, ich verwende Sieglinde-Kartoffeln und danach?"

„Du kochst fünf mittelgroße Sieglinde-Kartoffeln. Sie sollten ungefähr gleich groß sein. Sonst bekommst Du bei gleicher Kochzeit Kartoffeln, die zu weich oder zu hart sind."

Da mußte man erst einmal drauf kommen.

„Die Kartoffeln pellst Du und schneidest sie noch warm in ganz dünne Scheiben. So, nun muß ich das Rezept zu Hilfe nehmen. Ach ja, sicher, jetzt weiß ich wieder, wie es geht. Du kochst fünf Eier und zwar zehn Minuten. Du brauchst hartgekochte Eier. Wenn die Eier gekocht sind, kühlst Du sie in kaltem Wasser ab. Danach schälst

Du sie und schneidest sie in kleine Würfel. Zu den fein geschnittenen noch warmen Kartoffeln gibst Du Salz, etwas Pfeffer, etwas Sud der sauren Gurke, Essig, ja keinen Weinessig, eine kleine fein geschnittene Zwiebel, zwei klein geschnittene saure Gurken und natürlich die Eier."

Heidemarie schnappte nach Luft.

Vielleicht hätte ich doch etwas zum Aufschreiben bereit haben sollen.

„Was ist denn der Sud der sauren Gurke? Das habe ich noch nie gehört."

„Das ist der Sud, in dem die sauren Gurken eingelegt sind. Du kippst einfach etwas Gurkensud auf die noch warmen Kartoffeln. Im Übrigen empfehle ich Cornichons. Die schmecken besser als die gewöhnlich eingelegte saure Gurke. Außer Du bekommst Spreewaldgurken."

Das wurde ja immer komplizierter! Warum schrieb dieser verdammte Kuli nicht?

„Was sind denn nun Cornichons?"

„Kerstin, das sind kleine, sauer eingelegte Gürkchen. Aus Frankreich."

Nächstens würde mir Heidemarie noch erzählen, daß ich den Salat am Schluß mit Kürbiskernöl abschmecken müßte. Natürlich dürfte ich nur das Kürbiskernöl einer bestimmten Marke verwenden.

„Das ist ein sehr interessantes Rezept, Heidemarie. Ich fasse das noch einmal kurz zusammen: Kartoffeln, Salz, Pfeffer, Gurkensud, Essig, gehackte Zwiebel, saure Gurken, gekochte Eier. Ist das soweit richtig?"

Geistesgegenwärtig hatte ich eine neue Excel-Tabelle geöffnet und mir die Zutaten notiert. Letztlich war ein Rezept eine Aufstellung von Zutaten, also eine Tabelle.

„Gut aufgepaßt, Kerstin. Nun fehlt noch ein halber Teelöffel Senf. Du solltest einen mittelscharfen Senf verwenden. Wenn Du nur einen scharfen Senf zur Hand hast, reicht eine Messerspitze. Zur Verfeinerung gab ich immer noch fünf Spritzer Maggi-Würze hinzu. Das steht aber nicht so im Originalrezept."

Nun, eine Würze, die seit 1886 erfolgreich verkauft wird, hat zweifelsohne das gewisse Etwas.

„Heidemarie, der Kartoffelsalat ist ja nun so gut wie fertig, oder? Da fehlt nur noch Öl, richtig?"

„Öl? Was denn für ein Öl?"

„So etwas wie Haselnußöl?"

„Nein. Zuerst einmal mußt Du den Salat noch abschmecken. Du wirst verblüfft sein, wie schnell sich Salz und Essig in den Kartoffeln verflüchtigen. Du würzt nach, falls erforderlich. Aber lasse Vorsicht walten. Zum Abschluß kommt nämlich die Mayonnaise dazu, die ja auch eine Eigenwürze hat."

Igitt! Ein Kartoffelsalat mit Mayonnaise! Jetzt waren wir also in den Sechzigerjahren angekommen. Also nein, Mayonnaise kam überhaupt nicht in Frage. Ein Eßlöffel Mayonnaise hatte 2.000 Kalorien oder so.

„Du verwendest ein halbes Glas Mayonnaise. Am Schluß schmeckst Du noch einmal ab. Fertig! Du siehst, es ist ganz einfach."

Sicher. Es soll auch etliche Leute geben, die den Mt. Everest bezwungen haben.

„Heidemarie, besten Dank für dieses tolle Rezept."

„Keine Ursache. Grüße Martin von mir, und er soll sich mal wieder bei mir melden. Heute um 17 Uhr würde mir gut passen."

Mütter!

Den Anruf bei meiner Mutter würde ich mir jetzt sparen. Ein weiteres Kartoffelsalatrezept könnte mich zu diesem Zeitpunkt irgendwie überfordern.

Ich ging also streng nach Heidemaries Kartoffelsalatrezept vor. Statt der Mayonnaise verwendete ich Miracel Whip. Die Kalorienzahl sank von 2.000 auf 500 Kalorien pro Eßlöffel.

Während der „gute" Kartoffelsalat seiner Bestimmung, nämlich dem Verzehr harrte, versank ich erschöpft auf dem Sofa.

Ich mußte eingenickt sein.

Martin rüttelte sanft an meiner Schulter.

„Kerstin, der Einkauf ist verstaut, die Thüringer Bratwürste brutzeln vor sich hin. Es ist sozusagen angerichtet. Es fehlt nur noch der gute Kartoffelsalat!"

Ich rieb mir die Augen und fragte Martin: „Was genau meintest Du denn mit dem ‚guten' Kartoffelsalat?"

„Nichts Bestimmtes. Ich meinte nur einen selbstgemachten Kartoffelsalat, eben keinen gekauften."

Ach, und dafür hatte ich herumtelefoniert wie eine Irre, war in die Tiefen des Internets hinabgestiegen und kannte nun äußerst interessante Kartoffelsalatrezepte. Nur wozu?

„Wo steht denn der Kartoffelsalat? Darf ich ihn mal probieren?"

„In der Küche. Ich muß ihn nur noch abschmecken."

Martin begab sich schnurstracks in die Küche, nahm einen Löffel aus der Schublade und kostete den Kartoffelsalat.

Gespannt wartete ich auf sein Urteil. Ich glaube, meine Hände zitterten.

„Kerstin, Dein Kartoffelsalat schmeckt so wie bei Muttern. Wahnsinn! Ich hole mir mal einen Teller. Allein für diesen wunderbaren Kartoffelsalat sollte ich Dir einen Heiratsantrag machen!"

Ich wartete. Ich kannte Martin zwar noch nicht so lange, doch irgendwann mußten Nägel mit Köpfen gemacht werden. Elke, eine Freundin von mir, hat schon die zehnte Lebensabschnittspartnerschaft hinter sich. Irgendwann reicht es. Wir Frauen werden auch nicht jünger. Die biologische Uhr tickt. Ich wartete immer noch auf den erlösenden Heiratsantrag.

Es geschah nichts, außer daß Martin den Kartoffelsalat genüßlich in sich hinein mampfte.

„Wenn Du etwas abhaben willst, nimm Dir auch einen Teller."

Ich nahm mir einen Teller.

„Sag mal, Martin, willst Du den guten Kartoffelsalat künftig bei Deiner Mutter oder bei mir essen?"

„Bei Dir natürlich! Was für eine Frage?"

Ich hörte förmlich, wie der Groschen fiel.

„Kerstin, willst Du meine Frau werden?"

Na also, es ging doch!

WEIHNACHTSMENÜ – oder „Kochen mit Hindernissen"

S CHON SEIT JAHREN liegt mir Theo in den Ohren: „Jetzt koche doch endlich einmal so ein richtig schönes Weihnachtsmenü wie im Fernsehen, das dann so schmeckt wie bei Muttern!"
Sie werden jetzt denken: „Warum nur läßt sich das die gute Elly gefallen? Das ist doch ein direkter Angriff auf ihre Kochkunst!"
Ich will daher gleich beichten, daß es mit meinen Kochkünsten nicht wirklich gut steht. Neulich ist es mir zwar gelungen, aus einer Dose Linsen unter Zugabe von Maggi, Rinderbrühe, und geschnittener Saitenwürste ein ganz passables Gericht „zu zaubern". Theo war auch voll des Lobes.
Aber ich bin durchaus selbstkritisch. Meist bekomme ich es gerade so hin, mit Hilfe meiner Lesebrille zu entziffern, wie lange die Tiefkühlkost bei wieviel Grad im Backofen verweilen muß, um eßbar zu werden. Nach ein oder zwei kleinen Schnitzern, die mir passierten, weiß ich jetzt, daß die Folie, die das Gericht umgibt, vor dem Gang in den Backofen entfernt werden muß.
Aber Rettung nahte. Und zwar auf sämtlichen TV-Programmen: Kochsendungen ohne Ende!
Bocuse begann mit der kommerziellen Verbreitung der französischen Küche. Doch von zwei Achteln Kartoffeln mit einem halben Löffel Kaviar serviert auf großen Tellern wurde niemand satt.
Das war zwar interessant, aber zum Nachkochen eher nicht geeignet. Erdbeersorbet zu Weihnachten, Jakobsmuscheln in Champagnerschaum, Trüffel-Risotto – wer konnte sich das schon leisten?
Alfred Biolek erkannte diese Lücke und präsentierte den deutschen Hausfrauen die Sendung „Alfredissimo". Das war ein Augenschmaus! Seine Gäste waren zum einen berühmt und sich zum anderen nicht zu schade, vor den Augen des interessierten weiblichen Publikums ihre Lieblingsrezepte vor der Kamera zu köcheln. Was wurde da in 20 Minuten nicht alles zubereitet!
Am wichtigsten war jedoch nicht das Essen, sondern der „Küchenwein". Damit Biolek überhaupt köcheln konnte, bedurfte es größerer Mengen Wein, eben des Küchenweins. Das war kein minderwertiges

Aldi-Produkt zu 1,40 Euro. Nein, der in der Sendung konsumierte Wein war kaum unter 20 Euro pro Flasche zu haben.

Von ganz anderem Kaliber war dann Jamie Oliver aus England. Er schüttete alle Gewürze in einen Mörser und zerstieß sie brutal. Das ist auch nicht unbedingt geeignet, die Köchin am Herd zu begeistern. Jamie drückte Zitronen mit der bloßen Hand aus; er manschte lustvoll im Essen.

Für die deutsche Hausfrau war das schon aus Hygienegründen zum Nachkochen völlig indiskutabel. Außerdem verwendete Jamie die typisch englischen Zutaten wie Minze und Kapern. So etwas kann man einem deutschen Ehemann natürlich nicht servieren, ohne die Scheidung zu riskieren.

Mittlerweile kochen praktisch alle. Lafer, Lichter, Lecker, Mälzer kocht, die Küchenschlacht, die Promi Kocharena mit Promis, die niemand kennt, die Landfrauen kochen –, kurzum, es nimmt kein Ende!

Das brachte mich zu der Überzeugung: ICH kann das auch! So ein lächerliches Weihnachtsmenü mit drei Gängen, das konnte so schwer nicht sein. Ich würde Theo also mit einem Weihnachtsmenü überraschen.

Er ging am Weihnachtstag morgens immer zu seiner Mutter. Bei seiner Rückkehr würde er das kulinarische Nonplusultra seines Lebens erleben!

Ich begann also meine Recherche im Internet. Was soll ich Ihnen sagen? Es gibt ca. 1,5 Billionen authentische Weihnachtsmenüs. Allein in Deutschland. Da ist ausländischer Schnickschnack noch gar nicht dabei!

Kochen kann ich nicht, wie gesagt. Aber mit Suchmaschinen im Internet kenne ich mich aus. Unter Berücksichtigung meiner Ansprüche an ein Weihnachtsmenü, blieb nicht mehr viel übrig.

Zum einen sollte das Ganze nicht so kompliziert sein. Flambiertes Wildschwein auf einem Kranz aus Gemüsestiften mit Trüffelsauce war nicht meine Welt. Zum anderen mußte das Menü sozusagen „vorgekocht" werden. Die Anleitung mußte es auf DVD geben. Schritt für Schritt. Am besten von einem Drei-bis-Vier-Sterne-Koch. Einen gewissen Anspruch hatte ich doch schließlich auch.

Das von mir ausgesuchte Menü erschien mir simpel genug: Grießklößchensuppe, Lammkeule mit Kartoffeln und grünen Bohnen, zum Nachtisch Schokoladenpudding mit Mandeln.

Zuerst kaufte ich einen Kleinbildfernseher, damit ich den DVD-Spieler anschließen und in der Küche plazieren konnte. Ich konnte schließlich nicht ständig vom Wohnzimmer in die Küche rennen.

Die Zutatenliste lag der DVD bei. Auch darauf hatte ich geachtet. Grieß, Lammkeule, frische Bohnen ..., alles andere sei in jedem Haushalt verfügbar.

Und schon konnte es losgehen. Theo hatte sich gerade verabschiedet und war auf dem Weg zu seiner Mutter. Er wollte pünktlich um 12.15 Uhr zum Essen zurück sein.

Ich schaltete die DVD an.

„Liebe Kochfreunde, herzlich willkommen bei unserer Sondersendung ‚Festtagsmenü'. Nun bereiten wir unser Weihnachtsmenü zu. Sie werden sehen, es ist ganz einfach nachzukochen. Unsere Zutaten liegen bereit: Grieß, Markbrühe, frischer Schnittlauch, die Lammkeule, ein Tannenzweig, zwei Liter Merlot, Knoblauch, Zwiebeln, frische Prinzessinnenböhnchen, Eier, Speisestärke, Puderzucker, Rohschokolade, Mandelstifte und Mandelblättchen ...“

Halt!

Entsetzt drückte ich auf die Stoptaste. Markbrühe, Schnittlauch, Tannenzweig?

Tief durchatmen. Entspannen. Warum hatte ich mir diese blöde DVD nicht vorher angesehen? Weil auf der DVD stand „Das ultimative Weihnachtsmenü! Ohne Vorkenntnisse und ohne Vorbereitung kinderleicht nachzukochen!“ Warum nur fiel ich auf diese Werbefuzzis immer wieder herein?

Was ist Markbrühe? Okay, Schnittlauch hatte ich in getrockneter Form. Gibt es dafür ein Verfallsdatum? Mit solchen Details konnte ich mich jetzt wirklich nicht beschäftigen. So ein getrockneter Schnittlauch wird ja wohl fünf Jahre halten. In meinem Garten steht eine Fichte. Die mußte es auch tun. Tanne, Fichte ... Nadelholz eben. Merlot ist ein Rotwein. Das fand ich nach einer kurzen Internetrecherche heraus. Dann mußte halt unser guter Trollinger dran glauben. Daran ließ sich nun nichts mehr ändern. In weiser Voraussicht hatte ich mir ein Päckchen Schokoladenpudding besorgt. Gut, dann würde es eben Schokoladenpudding ohne Mandeln geben.

Ich eilte in den Garten, um einen Fichtenzweig abzuschneiden. Die Fichte schaute mich vorwurfsvoll an.

Danach ging ich in den Keller, um den Trollinger zu holen. Vorsichtshalber nahm ich gleich drei Flaschen mit. Zwei für das Menü, eine für mich. Diese Methode funktionierte bei Biolek schon seit Jahren völlig zuverlässig.

Als ich wieder in meiner Küche stand, schaltete ich den DVD-Spieler ein. Es folgte die nächste Anweisung: „Legen Sie die Lammkeule in ein großes Gefäß wie dieses."

Das Gefäß sah aus wie eine Kinderbadewanne. Damit konnte ich nicht dienen. Also stöpselte ich meinen Kleinbildfernseher samt DVD-Spieler aus und begab mich damit ins Badezimmer. Dort stöpselte ich alles wieder ein. Schon ging es weiter.

„Legen Sie die Lammkeule in das Gefäß und begießen Sie diese mit zwei Liter Merlot."

Also goß ich die zwei Liter des schönen Trollingers in die Badewanne, nachdem ich die Lammkeule dort plaziert hatte. Leider sah das nicht so aus wie auf der DVD bei dem Vier- Sterne-Koch. Der Wein stand nur 1/2 Zentimeter hoch. Klar. Mein „Gefäß" war auch ein bißchen größer als das in der Sendung verwendete.

Ich gab den schönen Trollinger verloren. Zum Glück fiel mir ein, daß ich eine große Bodenvase hatte. Ich holte weitere zwei Flaschen Trollinger aus dem Keller, gab die Lammkeule in die Vase und schüttete den guten Trollinger darüber. Genau! Das war schon viel besser.

„Nun geben Sie den Tannenzweig dazu."

Kein Problem. Ich stopfte den Fichtenzweig zur Lammkeule in die Vase.

„Verwenden Sie keinesfalls Fichtenzweige. Das beeinträchtigt den Geschmack!"

Über dieses Stadium war ich längst hinaus. Ich wollte, daß überhaupt etwas zum Essen auf dem Tisch stand.

„Nun fügen Sie klein geschnittenen Knoblauch – keinesfalls gepreßten! –, blättrig geschnittene Schalotten, Salz und Pfeffer hinzu."

Was zur Hölle sind denn Schalotten? Ich klingelte bei Petra, meiner Nachbarin.

„Petra, entschuldige, wenn ich am Weihnachtstag störe. Ich habe von Theo ein schönes Kochbuch geschenkt bekommen. In einem der Rezepte sollen Schalotten verwendet werden. Was sind denn Schalotten?"

„Schalotten sind eine Zwiebelart. Aber Du kannst natürlich auch ganz normale Zwiebeln verwenden. Was treibst Du eigentlich? Das hört sich an, als wolltest Du kochen?!"

Auf diesen ironischen Unterton konnte ich gerne verzichten.

„Ich und kochen? Jetzt mach mal halblang! Theo hat mich nur gebeten, die Rezepte auswendig zu lernen. Er kommt gleich von seiner Mutter zurück und wird mich abfragen."

Petra schaute mich perplex an. Ihr fehlten die Worte.

Zurück in meiner Küche mahlte ich etwas getrockneten Knoblauch aus der Mühle und gab ihn zur Lammkeule. Anschließend warf ich ein paar Zwiebeln in meinen Moulinex. Den Zwiebelbrei fügte ich ebenfalls hinzu. Sowohl Knoblauch als auch „Schalotten" dienten nur dem Geschmack. Wie das aussah, war ja wohl herzlich egal.

So. Geschafft!

„Nun lassen Sie die Lammkeule drei Tage in der Beize."

Drei Tage? Die hatten sie doch nicht mehr alle! Wo stand bitte, daß man für die Zubereitung dieses „einfachen" Weihnachtsmenüs mehrere Tage brauchte?

Ich bemerkte, daß mein Küchenwein aus unerfindlichen Gründen alle war. Ich begab mich also wieder in den Keller und holte weitere zwei Flaschen Trollinger.

Ich öffnete eine Flasche, trank ein Glas, schnappte die zweite Flasche und klingelte bei Petra.

„Petra, entschuldige, daß ich vorher so unhöflich war. Ich bin etwas im Streß. Ich koche gerade ein Weihnachtsmenü. Ich soll eine Lammkeule drei Tage beizen. Wie Du unschwer erkennen kannst, habe ich keine drei Tage Zeit. Weihnachten ist heute. Kannst Du mir helfen?"

Mit diesen Worten übergab ich Petra die Flasche Trollinger.

Petra war gerührt und sagte: „Klar helfe ich Dir. Meine Pute ist so gut wie fertig. Ich muß nachher nur noch die Klöße aufsetzen."

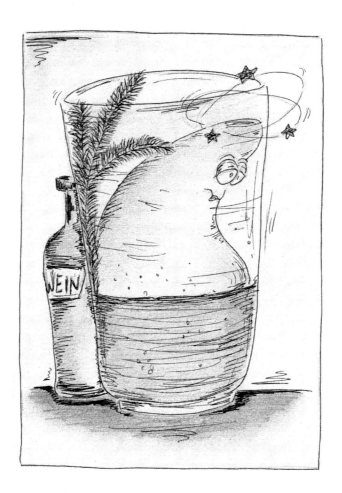

Petra folgte mir in unsere Küche. Sie warf einen ungläubigen Blick auf die Bodenvase samt Lammkeule im Trollinger.

„Also, am besten Du kippst Essig oder Essigessenz dazu und läßt das eine halbe Stunde einwirken. Dann kannst Du die Lammkeule in den Backofen schieben. Soll ich Dir helfen?"

Dankbar nahm ich an.

Wir tranken den Rest des Trollingers, während wir darauf warteten, daß die Beize ihre Wirkung tat.

Endlich konnte die Lammkeule in den Backofen.

Ich holte eine weitere Flasche Trollinger aus dem Keller.

„Petra, diese ganze Kocherei, das ist doch Wahnsinn! Theo will etwas essen, das so schmeckt wie bei Muttern. Ich bin nicht „Muttern". Ich bin seine Ehefrau. Theo hat mich doch nicht etwa geheiratet, weil ich so koche wie seine Mutter. Oder doch?"

„Bleib mal ruhig", sagte Petra. „Wir kriegen das schon hin."

Sie ging zurück in ihr Haus und kam dann mit einer Grießklößchensuppe aus der Tüte von Maggi, einer Dose Prinzessinnenböhnchen und einem Schokoladenpudding mit Mandeln von Dr. Oetker zurück.

Ich war gerührt. Sogar an Kartoffeln hatte Petra gedacht.

Wir schälten und kochten die Kartoffeln. Wir bereiteten die Grießklößchensuppe nach Packungsanweisung zu. Kurzum, wir kochten einen halben Liter Wasser und kippten den Beutelinhalt hinein. Zehn Minuten köcheln lassen. Fertig.

Für den Schokoladenpudding kochten wir etwas Milch und fügten das Pulver unter Rühren hinzu.

Fertig. Wir füllten den fertig gekochten Pudding in Sektschalen und stellten ihn kalt.

Für die Bohnen aus der Dose hatte ich mir etwas Tolles ausgedacht. Na ja, nicht ich. Das hatte ich aus einer Kochsendung. Ich briet klein gehackte Zwiebeln in Butterschmalz an, fügte etwas Mehl hinzu, goß alles mit dem Bohnensud auf und fügte die Bohnen hinzu. Ein Gedicht! Es fehlte nur noch etwas getrocknete Petersilie, und dann war die Beilage fertig!

Nach einem weiteren Glas Trollinger verabschiedete sich Petra und wünschte mir viel Glück mit meinem Weihnachtsmenü. Die Lammkeule war auch schon durch. Nun konnte nichts mehr schiefgehen!

Für das große Event fehlte nur noch die Hauptperson: Theo, mein Göttergatte.

Um mir die Wartezeit zu verkürzen, öffnete ich eine weitere Flasche des süffigen Trollingers. Während ich den Trollinger schlürfte, erkaltete mein Weihnachtsmenü.

Gegen 15 Uhr trudelte Theo ein. Stolz präsentierte er diverse Tupperware-Dosen.

„Elly, ich weiß ja, wie ungern Du kochst. Meine Mutter hat deshalb für Dich eine Kleinigkeit zum Essen mitgegeben. Grießklößchensuppe, Lammkeule, grüne Bohnen und Kartoffeln! Als Nachtisch gibt es dann Schokoladenpudding mit Mandeln. Das Rezept ist von einem Vier-Sterne-Koch. Laß es Dir schmecken!"

Leider ging es mir zu diesem Zeitpunkt nicht mehr wirklich gut. Während ich über der Kloschüssel hing, beschloß ich, nächstes Weihnachten auf den Malediven oder den Seychellen zu verbringen. Mit oder ohne Theo.

➤ *Dessert „Médial"*

>> Unsere Redaktion hat sämtliche Kochsendungen unter die Lupe genommen und festgestellt: SO geht es nicht!

Fakt ist doch, daß auf allen TV-Sendern Gerichte wie Hummerragout mit Rote-Beete-Sauce oder Jakobsmuscheln auf Ruccola-Risotto gekocht werden.

Da ist es wenig erstaunlich, wenn der Umsatz von Tiefkühlpizza und Dosensuppen permanent ansteigt.

Der Anspruch, daß die Leute sich etwas Leckeres kochen, ist an sich nicht verkehrt. Den Anspruch haben die meisten Bundesbürger bzw. vielmehr die Bundesbürgerinnen auch.

Die deutschen Fernsehköche treten alle an und wollen den Deutschen beibringen, wie Gourmetküche geht. Leider geht das völlig am Bedarf vorbei.

Ein ganzes Heer von malochenden Steuerzahlern begibt sich mittags in die Werkskantine. Der große Renner dort ist Schnitzel, Pommes und Salat. Es handelt sich dabei übrigens nicht um das Wiener Schnitzel, das aus Kalbfleisch hergestellt wird. Es handelt sich um ein Schnitzel „nach Wiener Art", das heißt um ein schnödes Schweineschnitzel.

Unsere Fernsehköche mögen sich mit Abscheu abwenden. Doch leider sieht es in den Geldbeuteln großer Teile der Bevölkerung ziemlich mau aus. Da ist die Frage nicht, ob es ein Schweine- oder ein Kalbsschnitzel gibt. Am Ende des Monats gibt es Nudeln mit Ketchup. So sieht die Welt aus, die unsere Fernsehköche komplett ignorieren.

Von der kulinarischen Welt mit Hummer oder Jakobsmuscheln haben sich viele zwangsweise verabschiedet.

Unsere Redaktion kam nach eingehender Analyse zu dem Schluß, daß diese ganzen Kochsendungen – wie schon gesagt – völlig am Bedarf vorbeigehen und gar nichts bringen.

Diejenigen, die sich Rehrücken in Morchelsauce mit Risotto und Trüffel leisten können, gehen ins Restaurant. Die kochen doch nicht selbst!

Unsere Redaktion hat sich in zahllosen Tag- und Nachtsitzungen ein völlig neues Konzept ausgedacht.

Wir treten hier an, um die Normalbürgerin bzw. den Normalbürger anzusprechen. Bei uns gibt es kein Chateaubriand. Vergessen Sie das gleich wieder, also das Chateaubriand. Wir wollen Sie keinesfalls verschrecken oder irritieren.

Unsere Sendung heißt: Kochen – wirklich leicht gemacht!

Dazu begrüße ich Sie recht herzlich an den Bildschirmen, liebe Zuschauerinnen und Zuschauer. Mein Name ist Kevin Stadler. Von Kochen habe ich gar keine Ahnung. Deshalb steht mir Patrick Köhler zur Seite.

„Patrick, wir haben uns vor der Sendung darauf geeinigt, daß wir uns duzen. Das finde ich prima. Können Sie uns sagen, wer Sie sind und welchen Bezug Sie zum Kochen haben?"

„Kevin, ich dachte, wir duzen uns!"

„Entschuldigung, Patrick, daran muß ich mich erst gewöhnen. Können Sie, äh, kannst Du den Zuschauerinnen und Zuschauern erklären, welchen Bezug Du zum Kochen hast?"

„Ich bin jetzt ein bißchen aufgeregt. Das ist mein erster Fernsehauftritt."

„Patrick, immer mit der Ruhe. Unsere Redaktion bestand auf einer Live-Sendung. Das käme authentischer rüber. Jetzt schnaufen Sie, äh, jetzt schnauf mal tief durch und sage uns einfach, wer Du bist und was Dich zum Kochen gebracht hat."

„Also, ich bin der Patrick Köhler. Ich stamme aus Bielefeld und ich bin 19 Jahre alt."

„Ach, ich dachte Sie, äh, Du bist 25?"

„Nein, das habe ich nur so angegeben, weil das geforderte Mindestalter 25 Jahre war, um in dieser Sendung mitzumachen."

„Darüber wollen wir jetzt mal hinwegsehen. Wie steht es mit der Verbindung zum Kochen?"

„Ich habe gerade mein erstes Lehrjahr als Koch beendet, und Kochen macht mir brutal viel Spaß. Das ergab sich zwangsläufig. Meine Mutter, Gott hab sie selig, konnte nur Dosen öffnen. Ravioli, Erbsensuppe, Linsensuppe. Zur Abwechslung gab es dann Tiefkühlpizza."

„Ach, das ist ja interessant, Patrick. Das mit Ihrer, äh, Deiner Mutter tut mir natürlich leid. Möge sie in Frieden ruhen."

„Danke für Deine Anteilnahme, Kevin. Es ist ja auch kein Wunder, wenn man bald aus dem Leben scheidet, wenn man nur so einen Fraß zu sich nimmt. Deshalb wollte ich ja auch Koch werden."

„Also Patrick, das finde ich jetzt bewundernswert. Du gehst aus diesem Schicksalsschlag sozusagen persönlich gestärkt heraus. Das wird unsere Zuschauerinnen und Zuschauer tief bewegen. Liebe Zuschauerinnen und Zuschauer, Sie können uns übrigens live Ihre Meinungen zu unserer neuen Sendung posten. Die Adresse im Internet lautet: www.kochen-wirklich-leicht-gemacht.de"

„Kevin, so ein schwerer Schicksalsschlag war das nun auch nicht. Meine Mutter konnte auch sehr gut Kornflaschen ..."

„Patrick, darüber sprechen wir ein anderes Mal. Heute möchten wir nur, daß Du unseren Zuschauerinnen und Zuschauern ein günstiges und einfaches Gericht vorstellst. Unsere super moderne Küche von LEICHT steht Dir zur Verfügung. An dieser Stelle danken wir dem Küchenhersteller LEICHT dafür, der diese Küche kostenlos geliefert und installiert hat."

„Kevin, die Küche ist super! So eine haben wir im Landgasthof *Zum Grünen Baum*, wo ich meine Lehre absolviere, natürlich nicht."

„Die Firma WMF hat Töpfe, Pfannen, Messer und andere Küchengerätschaften zur Verfügung gestellt. An dieser Stelle danken wir WMF recht herzlich. Aber nun sollte es mal losgehen, Patrick!"

„Ich habe da so eine Idee und möchte gerne ein Menü kochen ..."

„Patrick, das tut mir nun leid. Wir haben nur noch zehn Minuten Sendezeit. Wir haben uns da anfangs wohl etwas verquasselt."

„Kevin, was soll ich denn Deiner Meinung nach in zehn Minuten köcheln? Das ist doch der Witz!"

„Patrick, Du bist der Fachmann. Sieh es einmal sportlich. In den meisten Haushalten ist es doch so: Die Kinder kommen in zehn Minuten von der Schule nach Hause, und da darf sich die geliebte Mutter mal überlegen, wie sie bis dahin etwas Eßbares auf den Tisch zaubert. Wir haben hier also eine Situation, die nicht näher an der Realität sein könnte. Das ist doch phantastisch! Genau darum geht es doch in dieser Sendung!"

„Also, ich habe da mal etwas vorbereitet ..."

„Patrick, vergiß es. Die Mütter haben gar nichts vorbereitet. Also, was machst Du jetzt? Die Zeit läuft!"

„Während Du mich von der Seite angelabert hast, habe ich schon einmal einen Topf mit gesalzenem Wasser aufgesetzt."

„Phantastisch! Also Patrick, ich bin begeistert! Und was passiert nun?"

„Das Wasser kocht; ich werfe die Spaghetti in das kochende Salzwasser."

„Wahnsinn, Patrick. Und wie geht es weiter?"

„Die Nudeln köcheln jetzt 7-8 Minuten."

„Und was passiert währenddessen, Patrick?"

„Ich habe schon einmal einen kleinen Topf mit Sonnenblumenöl aufgesetzt und eine Zwiebel geschnitten."

„Patrick, Sie überraschen mich. Ich dachte, es gibt nur noch Olivenöl und Schalotten?"

„Kevin, Sie sehen zu viele Kochsendungen!"

„Da haben Sie, äh, da hast Du wohl recht. Und was passiert nun?"

„Ich brate die gewürfelte Zwiebel an und füge Tomatenmark und Ketchup hinzu. Dann gieße ich das mit wenig Wasser auf und verfeinere mit Rinderbrühe und Maggi."

„Ach, ich dachte, man verwendet getrocknete Tomaten und Fleischfond?"

„Gewiß, wenn man genügend Geld hat ..."

„Patrick, darüber unterhalten wir uns in der nächsten Sendung. Aber ich sehe schon, das wird ein voller Erfolg. Ein selbst gekochtes Essen in zehn Minuten! Lassen Sie mal probieren. Schlecht schmeckt das nicht!

Liebe Zuschauerinnen und Zuschauer, wir bedanken uns recht herzlich für Ihre Aufmerksamkeit. Die Redaktion teilt mir gerade mit, daß Sie uns recht rege posten. Einige Zuschauerinnen und Zuschauer haben vorgeschlagen, für die Sauce Hackfleisch oder Pilze zu verwenden.

Dafür bedanken wir uns recht herzlich. Für unsere nächste Sendung laden wir eine Zuschauerin oder einen Zuschauer ein. Die oder der Glückliche darf dann gemeinsam mit Patrick kochen. Außerdem verlosen wir eine Flasche Maggi und eine Rinderbrühe von Knorr.

Ich hoffe, wir können Sie nächste Woche wieder begrüßen, wenn es wieder heißt: Kochen - wirklich leicht gemacht!

Patrick, das war eine super Sendung. Wir sagen unseren Zuschauerinnen und Zuschauern jetzt gemeinsam: Guten Appetit!"

„GUTEN APPETIT!" <<

>> Liebe Zuschauerinnen und Zuschauer! Ich begrüße Sie recht herzlich zu unserer zweiten Sendung: Kochen – wirklich leicht gemacht. Wie bei unserer ersten Sendung wird Patrick, unser junger Koch aus Bielefeld, das Kochen übernehmen.

„Hallo Patrick, wie geht es Dir nach der ersten Sendung?"

„Hallo Kevin. Mir geht es phantastisch. Meine Ex-Freundin Nadine hat sich bei mir gemeldet. Sie will wieder mit mir zusammen sein."

„Patrick, da hat sich die erste Sendung für Dich ja schon mal gelohnt!"

„Auf jeden Fall, Kevin."

„Die Sendung hat sich für uns auch gelohnt, Patrick. Die Zuschauerresonanz war überwältigend. Wir erhielten viele Anfragen. Ich will ein paar davon vorlesen. Wenn Du bitte antworten würdest, Patrick?"

„Selbstverständlich, Kevin."

„Die erste Frage kommt aus Stuttgart von Frau Häberle. Frau Häberle möchte wissen, ob man statt Spaghetti auch Spätzle verwenden kann."

„Kevin, da muß ich passen. Spätzle kommen erst im zweiten Lehrjahr dran."

„Frau Häberle, es tut mir leid, da müssen Sie sich noch etwas gedulden. Patrick hat gerade das erste Lehrjahr hinter sich. Doch kommen wir zur nächsten Frage. Frau Berger aus Ratingen möchte wissen, was man denn machen soll, wenn gerade das Ketchup alle ist."

„Da rate ich Frau Berger, eine Prise Zucker in die Tomatensauce zu geben."

„Zucker? Wieso denn Zucker, Patrick?"

„Kevin, Ketchup besteht aus ein bißchen Tomate und sehr viel Zucker."

„Ach, das ist ja interessant, Patrick. Also, Frau Berger, damit ist Ihnen geholfen. Patrick kennt sich eben aus."

„So, ich sehe auf die Uhr. Es wird nun Zeit, unsere Zuschauerin Frau Mandy Geiger aus Chemnitz zu begrüßen. Hier ist sie schon! Hallo Mandy, wie geht es Dir? Kannst Du unseren Zuschauerinnen und Zuschauern kurz sagen, wo Du herkommst, wie alt Du bist, was Du machst, und warum Du Dich beworben hast, bei unserer Sendung mitzumachen?"

„Hallo Kevin, hallo Patrick. Ich bin schon sehr aufgeregt. Also, ich bin 20 Jahre alt, wohne in Chemnitz, bin arbeitssuchend und will lernen, wie man kocht."

„Mandy, Du mußt nicht aufgeregt sein. Unsere Sendung heißt nicht umsonst: Kochen – wirklich leicht gemacht. Dazu stehen wir. Wir verwenden hier nur Zutaten, die in fast jedem Haushalt zur Verfügung stehen. Bei uns wird sozusagen auch nur mit Wasser gekocht, wenn ich mir diesen kleinen Scherz erlauben darf."

„Kevin, wir kochen Wasser?"

„Nein, Mandy. Das war nur ein kleiner Scherz. Patrick, was wirst Du uns heute Leckeres zubereiten?"

„Ich dachte an Sauerbraten, Kevin."

„Patrick, das geht nicht. Wer hat schon Sauerbraten im Haus? Außerdem ist die Sendezeit zu kurz."

„Na ja, so einen Sauerbraten kann man ja vorbereiten."

„Patrick, hier wird nichts vorbereitet. Zu Hause bei unseren Zuschauerinnen und Zuschauern ist auch nichts vorbereitet."

„Also gut. Mandy, Du kannst schon mal einen Topf mit Salzwasser auf den Herd stellen."

„Wie, wir kochen jetzt doch Wasser?"

„Im ersten Schritt schon."

„Wieviel Wasser muß denn in den Topf und wieviel Salz?"

„Patrick, da stellt Mandy eine hoch interessante Frage. Das wird auch unsere Zuschauerinnen und Zuschauer brennend interessieren."

„Es kommt halt darauf an, für wie viele Leute man kocht. Kocht man nur für eine oder zwei Personen, reicht ein kleiner Topf mit wenig Wasser und ein bißchen Salz. Kocht man für drei bis sechs Personen sollte man schon einen größeren Topf mit etwas mehr Wasser und etwas mehr Salz verwenden."

„Das ist super informativ, Patrick. Mandy, Du hast noch eine Frage?"

„Ja. Patrick, was für ein Salz verwendest Du? Meersalz, Jodsalz, Salz mit Fluor oder Kräutersalz?"

„Ich verwende Kochsalz."

„Ach, da wäre ich jetzt nicht drauf gekommen, Patrick. Kochsalz. Man faßt es ja nicht. So, das Wasser beginnt zu kochen, was passiert jetzt Patrick?"

„Mandy, gib mir mal den Reisbeutel ... Dankeschön. Der Reisbeutel kommt jetzt ins kochende Wasser. Die Temperatur wird reduziert. Der Reis darf jetzt nur noch köcheln."

„Wieso das denn, Patrick? Ich dachte, das heißt Reis kochen und nicht Reis köcheln."

„Wieder eine hoch interessante Frage von Mandy, Patrick. Ich kenne auch nur den Begriff ‚Reis kochen'. ‚Reis köcheln' ist mir unbekannt."

„Können wir uns darauf einigen, daß der Reis auf niedriger Flamme gekocht wird? Das ist eine Kochsendung und kein Deutsch-Kurs, oder?"

„Da hast Du natürlich recht, Patrick. Ich will nur vermeiden, daß unsere Zuschauerinnen und Zuschauer verwirrt werden."

„Kevin, nichts liegt mir ferner. Mandy hat noch eine Frage."

„Patrick, was ist denn ‚niedrige Flamme'? Da kann ich nicht folgen. Wir haben doch gar keine Flamme. Das ist ein Herd mit Ceranfeld."

„Also Mandy, ich bin beeindruckt. Du kennst Dich ja voll aus. Patrick, die Frage von Mandy ist berechtigt. Was bedeutet, auf ‚niedriger Flamme' kochen, wenn wir doch gar keine Flamme haben?"

„Kevin, das sagt man so. Das ist ein Fachbegriff der Köche. Es bedeutet nur, daß die Temperatur gesenkt wird. Wenn wir hier den Reis volle Pulle bei Höchsttemperatur kochen würden, wäre das Wasser in kürzester Zeit verkocht."

„Liebe Zuschauerinnen und Zuschauer! Sie sehen, hier bekommen Sie auch noch kostenlosen Physikunterricht. Ich fasse an dieser Stelle zusammen: Wir haben einen Topf ausgewählt, diesen mit Wasser gefüllt, das Wasser gesalzen, das Wasser zum Kochen gebracht und einen Beutel mit Reis hinzugegeben. Danach wurde die Temperatur reduziert. Was passiert jetzt, Patrick?"

„Nun warten wir, bis der Reis gar ist und bereiten währenddessen eine Sauce zu."

„Mandy, Du hast noch eine Frage?"

„Ja. Patrick, wie lange muß der Reis denn nun kochen?"

„Mandy, Du hast wieder einmal den Nagel auf den Kopf getroffen! Also Patrick, wie lange muß der Reis nun kochen?"

„Kevin, das steht auf der Packung."

„Liebe Zuschauerinnen und Zuschauer! Werfen Sie keinesfalls die Reispackung weg! Sonst wissen Sie nicht, wie lange der Reis kochen muß. Ich denke, wir konnten Ihnen hiermit einen wertvollen Tip geben. Dankeschön dafür, Kevin."

„Mandy, was ißt Du denn normalerweise zu Reis?"

„Kevin, ich esse eigentlich nur Gulasch zu Reis."

„Patrick, da haben wir ein kleines Problemchen, oder? Zum einen haben wir kein Gulasch. Zum anderen läuft uns die Zeit davon. Wieder befinden wir uns in der typischen Hausfrauensituation. Das ist phantastisch! Näher am wirklichen Leben kann man nicht sein! Also, was machst Du jetzt, Patrick?"

„Während Du Dich mit Mandy über so tiefschürfende Fragen wie, ob das nun ‚Reis kochen' oder ‚köcheln' heißt, unterhalten hast, habe ich schon mal eine Zwiebel geschält und in Würfel geschnitten."

„Jetzt werde mal nicht pampig, Patrick. Ich moderiere, Du kochst. Alles klar? Wir wollen hier nicht streiten, vor allem nicht vor Publikum. Millionen interessierter Zuschauerinnen und Zuschauer sitzen vor den Fernsehapparaten und wollen nun wissen: Wie geht es weiter?"

„Entschuldigung, Kevin. Ich bin hier doch ganz massiv unter Zeitdruck."

„Patrick, in der Ruhe liegt die Kraft. Wir haben noch lange fünf Minuten Zeit."

„Fünf Minuten? Mandy, jetzt setze doch mal ganz schnell einen kleinen Topf auf und erhitze darin etwas von dem guten Sonnenblumenöl ..."

„Patrick, Mandy hat dazu eine Frage."

„Mandy, jetzt setz einfach den Topf auf und erhitze darin das Sonnenblumenöl. Volle Pulle! Deine Frage beantworte ich dann nach der Sendung."

„Liebe Zuschauerinnen und Zuschauer, Sie sehen, hier wird es nun hektisch. Das kennen Sie vermutlich von sich daheim. Also, ich bin begeistert. Patrick, wie rettest Du jetzt noch die Situation?"

„Ich brate die gewürfelte Zwiebel an, füge Tomatenmark und Ketchup hinzu, gieße mit wenig Wasser auf und verfeinere mit Maggi und Rinderbrühe."

„Eine phantastische Idee, Patrick. Maggi und Rinderbrühe sind ein gutes Stichwort. In der letzten Sendung haben wir verkündet, daß wir eine Flasche Maggi und ein kleines Glas Rinderbrühe von Knorr verlosen. Das Los fiel auf Gerda Steinbach aus Speyer. Herzlichen Glückwunsch Frau Steinbach! Für die nächste Sendung verlosen wir unter allen, die sich auf unserer Web-Seite melden, eine Packung Onkel-Ben's-Reis. Toi, toi, toi! Wie weit bist Du, Patrick? Die Sendezeit ist fast vorbei!"

„Kevin, Mandy und ich sind fertig. Wir haben den Reisbeutel aus dem Wasser genommen, kurz abgeschreckt und geöffnet. Den Reis haben wir auf drei Teller verteilt und mit unserer leckeren Sauce übergossen."

„Patrick, das sieht super aus! Das ist sehr hübsch angerichtet. Nun setzen wir uns an den Tisch und probieren diese Köstlichkeit. Das ist heiß, Patrick. Aber das schmeckt nicht schlecht, liebe Zuschauerinnen und Zuschauer. Dieses Gericht ist zum Nachkochen auf jeden Fall geeignet."

„Mandy, wie hat es Dir in unserer Sendung gefallen?"

„Es war ein super Erlebnis. Ich würde jederzeit wiederkommen und kann allen Zuschauerinnen und Zuschauern nur empfehlen, sich hier zu bewerben. Kevin und Patrick sind einfach super nett. Das ganze Team ist super."

„Das war doch ein super Schlußwort! Liebe Zuschauerinnen und Zuschauer, wir hoffen natürlich auch, Sie zu unserer nächsten Sendung begrüßen zu dürfen, wenn es wieder heißt: Kochen – wirklich einfach gemacht!" <<

>> Liebe Zuschauerinnen und Zuschauer! Ich begrüße Sie recht herzlich zu unserer dritten Sendung ‚Kochen – wirklich leicht gemacht'. Wie immer wird Patrick, unser junger Koch aus Bielefeld, das Kochen übernehmen.

„Hallo Patrick. Es ist super, daß Du wieder dabei bist."

„Hallo Kevin. Ich freue mich, hier zu sein und bin schon sehr gespannt, wen wir heute als Gast begrüßen dürfen."

„Wir haben mittlerweile so viele Bewerbungen, daß wir das Los entscheiden lassen mußten. Die Gewinnerin ist Frau Maria Huber aus München. Hier kommt sie auch schon. Frau Huber, stellen Sie sich kurz unserem Millionenpublikum vor."

„Maria, ich heiße Maria. Wir wollten uns doch duzen, oder?"

„Aber sicher, Maria, Entschuldigung. Beim Kochen müssen sich alle duzen; sonst wird das nichts mit dem leckeren Essen. Das habe ich gelernt. Für mich ist das hier alles neu. Ich bin zu dieser Sendung gekommen wie die Jungfrau zum Kind. Doch reden wir nicht von mir, sondern von Dir. Deine Vorstellung bitte!"

„Ich bin die Maria Huber aus München. Ich bin 49 Jahre alt und Hausfrau."

„Patrick, Du siehst, heute haben wir eine Expertin in der Sendung. Das ist eine echte Herausforderung. Seit wie vielen Jahren kochst Du denn schon, Maria?"

„Seit dreißig Jahren."

„Patrick, da mußt Du Dich aber ins Zeug legen, wenn Du gegen Maria bestehen willst."

„Kevin, ich dachte, Maria und ich kochen gemeinsam und nicht gegeneinander."

„Richtig. Mir ist gerade kurz das Sendeformat entfallen. Liebe Zuschauerinnen und Zuschauer, bleiben Sie bei uns. Sie sehen ‚Kochen – wirklich einfach gemacht'."

„Leicht."

„Wie kommst Du jetzt auf unseren Sponsor Leicht-Küchen, Patrick?"

„Die Sendung heißt ‚Kochen – wirklich leicht gemacht'.

„Sicher, wie denn sonst? Aber ich sehe auf die Uhr und finde, wir sollten uns nicht verquasseln, sonst gerätst Du wieder unter Zeitdruck. Also Patrick, was wirst Du heute mit Maria kochen?"

„Wenn wir heute schon eine Profi-Köchin bei uns haben, soll doch Maria etwas vorschlagen."

„Das ist eine prima Idee, Patrick. Warum bin ich da nicht selbst drauf gekommen? Also, Maria, Du stehst ja praktisch täglich vor der Frage ‚Was soll ich heute kochen'? Wie löst Du dies?"

„Für mich wurde diese Frage zum Alptraum. Nach dem ersten Ehejahr war ich fix und fertig. Der Josef trieb mich fast in den Wahnsinn. Jeden Morgen beim Frühstück fragte er mich: ‚Was gibt es heute Abend zum Essen?' Ich mußte immer abends kochen, weil er angeblich das Kantinenessen nicht vertrug"

„Maria, das ist hochinteressant, was Du erzählst. Ich wette, Millionen Zuschauerinnen kennen diese Situation. Das muß furchtbar sein. Wie hast Du die Situation gelöst?"

„Zuerst habe ich bei der Kantine angerufen."

„Du hast sozusagen versucht, die Ursache des Problems zu lösen. Respekt, Maria. Was haben die von der Kantine gesagt?"

„Der Herr Schreiber war wirklich nett. Herr Schreiber ist der Kantinenleiter. Er wollte von mir wissen, welches Essen Josef denn nicht verträgt. Das wußte ich nicht zu sagen. Josef sagte nur, er vertrage das Kantinenessen nicht. Punkt. Herr Schreiber schlug vor, ich solle da mal genauer nachfragen und mich dann wieder melden."

„Das ist eine spannende Geschichte, Maria. Was hat Josef denn geantwortet?"

„Josef meinte, es müsse wohl am Salz liegen, das verwendet wird. Egal, was er in der Kantine ißt, er bekäme immer Magenschmerzen."

„Das ist ja nicht zu fassen! Josef leidet unter einer Salzallergie?"

„So war zumindest die Vermutung. Ich fragte, welches Salz Herr Schreiber denn fürs Kochen verwendet. Er sagte, er verwende nur Kochsalz, also ganz ohne Schnickschnack."

„Maria, das ist ein herber Schlag. Josef würde also nie in der Kantine essen können und Du mußtest Dir Tag für Tag überlegen, was Du dem werten Gatten abends zum Essen vorsetzt und mußtest auch noch ein Spezialsalz verwenden?"

„Genau so sah es aus. Das Schlimmste habe ich aber noch gar nicht erzählt. Josef führte Buch."

„Josef führte so ein altmodisches Haushaltsbuch mit Deinen Ausgaben? Das ist ja schrecklich!"

„Nein, Entschuldigung, da habe ich mich wohl nicht präzise genug ausgedrückt. Ich bin zum ersten Mal im Fernsehen und natürlich aufgeregt."

„Bleib ganz ruhig, Maria. Erkläre uns in einfachen Worten, worüber Josef Buch führte."

„Josef schrieb sich auf, was ich kochte. Tag für Tag. Wenn ich morgens sagte, abends würde es Schnitzel mit Pommes geben, schlug er sein Büchlein auf und sagte: ‚Nein, Maria, bestimmt nicht. Schnitzel mit Pommes gab es erst letzten Dienstag'. Ich war völlig fertig."

„Beruhige Dich, Maria. Regie, bringt doch mal ein Glas Wasser für Maria."

„Ein Schnaps wäre mir lieber."

„Wir haben Schnaps in der Sendung? Dann bringt mir auch einen. Maria, jetzt trinken wir erst mal auf ex und dann erzähle einfach weiter. Die ersten Zuschauerinnen blockieren schon die Leitungen. Das Problem ‚Was koche ich heute?' scheint weit verbreitet zu sein."

„Mir geht es schon wieder besser, Kevin, danke schön. Also, ich versuchte natürlich, den Spieß umzudrehen. Ich fragte Josef, was er denn essen wolle."

„Maria, das ist ja genial! Darauf muß man erst einmal kommen!"

„Leider hat das nicht geholfen. Josef meinte, wozu habe er mich geheiratet, wenn ich nicht mal wisse, was ich kochen soll. Fürs Kochen sei schließlich ich zuständig. Wenn ich schon nichts arbeite, solle ich wenigstens kochen."

„Das ist eine riesige Unverschämtheit! Ich bin außer mir. Mit mir vermutlich alle Zuschauerinnen. Regie, was soll ich jetzt machen? Die Gewinnerin des Reisbeutels von Onkel Ben's bekanntgeben? Ihr spinnt wohl! Doch nicht jetzt! Ach so, die Zeit. Also, liebe Zuschauerinnen und Zuschauer, die Gewinnerin des Reisbeutels heißt Alvina Sturm und stammt aus Friedrichshafen. Herzlichen Glückwunsch. Nun zurück zu Dir, Maria. Wie ging denn die Sache mit Josef aus?"

„Entschuldigung, Kevin, zum Kochen wollte ich noch ..."

„Patrick, jetzt halt mal Deine Klappe. Du sollst hier kochen und nicht quasseln."

„Eben. Zum Kochen wollte ich ..."

„Patrick, hast Du es nicht kapiert? Die Zuschauerinnen wollen wissen, wie die Geschichte von Maria und Josef ausging. Nachdem wir zigmal unterbrochen wurden und die Zuschauerinnen vielleicht den Faden verloren haben, will ich noch einmal kurz zusammenfassen: Maria, die sympathische Münchnerin, die hier neben mir sitzt, wurde von ihrem Ehemann Josef tyrannisiert. Er wollte, daß Maria jeden Tag des Jahres etwas anderes kocht. Die Gerichte durften sich nicht wiederholen."

„Ganz so schlimm war es nicht, Kevin."

„Du willst diesen Josef doch nicht etwa in Schutz nehmen?"

„Nein, die Situation war für mich alles andere als einfach."

„Das ist wohl die Untertreibung des Jahres, Maria. Regie, ja, ich weiß, daß wir eine Sendezeit haben. Ist ja gut. Ich komme zum Ende. Maria, wie hast Du die Situation gelöst? Hast Du Kochbücher gekauft, Kochsendungen angeschaut, im Internet recherchiert?"

„Internet gab es damals noch nicht, Kochsendungen auch nicht."

„Es gab kein Internet und keine Kochsendungen? Wann soll das denn gewesen sein? Entschuldige, Maria, ich muß leider zum Schluß kommen, schreit mir die Regie ins Ohr. Wie hast Du Deine Ehe gerettet?"

„Gar nicht, ich habe mich scheiden lassen."

„Das nenne ich mal vernünftig! Super. Ich bin richtig erleichtert."

„Patrick, nun zu Dir. Die Leitungen brechen zusammen, weil alle wissen wollen, was es heute in der Sendung zum Essen gibt. Du bist fürs Kochen zuständig, also gebe ich die Frage an Dich weiter."

„Während Du Dich so angeregt mit Maria unterhalten und mich ignoriert hast, habe ich eine Tiefkühlpizza in den Backofen geschoben. Die wäre nun fertig."

„Phantastisch! Liebe Zuschauerinnen und Zuschauer, Sie sehen, auch in Notsituationen ist Patrick vollkommen Herr der Lage. Wahnsinn! Ich bin stolz auf Dich, Patrick."

„Liebe Zuschauerinnen und Zuschauer, wie das genau mit der Tiefkühlpizza geht, erklären wir in einer unserer nächsten Sendungen. Schalten Sie wieder ein, wenn es zum vierten Mal heißt: Kochen – wirklich leicht gemacht." <<

KOCHEN – WIRKLICH LEICHT GEMACHT   KLAPPE/IV

>> Liebe Zuschauerinnen und Zuschauer! Ich begrüße Sie recht herzlich zu unserer vierten Sendung ‚Kochen – wirklich leicht gemacht'. Diejenigen, die unsere Sendung von Anfang an verfolgt haben, werden Patrick vermissen. Patrick ist unser sympathischer, junger Koch aus Bielefeld, der Ihnen kochtechnisch auf die Sprünge helfen soll.

Momentan ist er ein bißchen sauer. Er unterhält sich gerade mit unserem Programmdirektor.

Für alle, die unsere dritte Sendung verpaßt haben: Maria Huber aus München war zu Gast. Sie erzählte wahre Horrorgeschichten von Josef, ihrem Ehemann. Josef verlangte glattweg, daß Maria während ihrer gemeinsamen Ehe nie ein Gericht zweimal kochen sollte. Dieses Schicksal ging uns allen zu Herzen. Nach knapp über einem Jahr wurde die Ehe von Maria und Josef folgerichtig geschieden.

Bei der Manöverkritik nach der Sendung fiel uns auch auf, daß praktisch nicht gekocht wurde. Da gingen mir wohl etwas die Gäule durch. Am Schluß zauberte Patrick geistesgegenwärtig noch eine Tiefkühlpizza aus dem Ofen.

Liebe Zuschauerinnen und Zuschauer, ich will Ihnen das mit der Manöverkritik etwas näher erklären.

Alle an der Sendung Beteiligten sitzen nach der Sendung zusammen. Eine Unternehmensberaterfirma ist für die Moderation zuständig. Es bringt ja auch nichts, wenn wir uns nach der Sendung gegenseitig zerfleischen. Wir müssen schließlich weiterhin zusammenarbeiten. Damit wir das tun, erhält die Unternehmensberaterfirma ein Entgelt, von dem Sie nur träumen können. Ich übrigens auch.

Die Sache mit der Tiefkühlpizza war natürlich Mist. Das mußten wir selbstkritisch zugeben.

Die Unternehmensberaterfirma prophezeite uns eine Quote im Promillebereich. Ich sollte als Moderator dieser Sendung mit sofortiger Wirkung abgesetzt werden!

Doch dann kamen Sie, verehrte Zuschauerinnen und Zuschauer. Die Telefone liefen heiß. Unser E-Mail-Eingang war in kürzester Zeit randvoll. Das Telefonnetz brach schließlich zusammen.

Was war passiert?

Als uns nach zwei Tagen die handschriftlichen Briefe unserer etwas gereifteren Zuschauerinnen erreichten, wußten wir Bescheid. Unsere dritte Sendung war ein voller Erfolg!

An dieser Stelle sage ich nur: DANKESCHÖN! Ohne Sie würde ich jetzt nicht hier sitzen. Entschuldigung, ich muß mir die Tränen aus meinen Augen reiben. So, jetzt geht es wieder.

Viele Zuschauerinnen schickten Rezepte, damit Maria die nächsten drei bis vier Jahrzehnte nie wieder in die Verlegenheit kommen wird, ohne neue Rezepte da zu stehen.

Das ist wirklich rührend. Wir bedanken uns recht herzlich bei jeder einzelnen Zuschauerin.

Die männlichen Zuschauer verlangten freilich nach weiteren Details zur Zubereitung der Tiefkühlpizza. Die kam echt zu kurz. Asche über mein Haupt! Wir haben sie nicht einmal probiert! Das wird nicht mehr vorkommen. Soviel kann ich Ihnen versprechen.

Ich schaue kurz auf die Uhr. Eigentlich sollten die Verhandlungen zwischen Patrick und unserem Programmdirektor nun beendet sein. Regie: Wie geht es jetzt weiter?

Liebe Zuschauerinnen und Zuschauer, ich höre gerade, Patrick sei bereits auf dem Weg. Und hier ist er auch schon!

„Patrick, ich kann Dir gar nicht sagen, wie froh ich bin, daß Du hier bist. Ich muß nämlich zugeben, daß ich gar nicht kochen kann."

„Kevin, das macht doch nichts. Dafür bin ich ja hier."

„Exakt. Wie viele unserer männlichen Zuschauer kenne ich eine Tiefkühlpizza. An kilometerlangen Regalen mit Tiefkühlpizza im Supermarkt kommt man ja nicht so ohne weiteres vorbei. Die Fotos auf der Verpackung sehen ja wirklich super aus. Leider hat das, was aus meinem Backofen kommt, rein gar nichts damit zu tun. Wie kommt das?"

„Wenn Du ein Schweineschnitzel in die Pfanne schmeißt, wie soll da ein Kalbsschnitzel rauskommen?"

„Das wird unsere männlichen Zuschauer brennend interessieren. Willst Du damit sagen, daß es auf die Zutaten ankommt, Patrick?"

„Genau. Wenn die Pizza so aussehen soll wie auf dem Foto, müssen die Zutaten stimmen."

„Das ist ein hochinteressanter Ansatz. Zumindest würde das einiges erklären."

„Gewiß, Kevin."

„Patrick, ich habe mir zwischen der Sendung der letzten Woche und der heutigen Sendung den Spaß erlaubt und einen Testkauf getätigt."

„Du hast Tiefkühlpizza gekauft?"

„Genau. Ich habe wahllos fünf Stück gekauft und sie genau unter die Lupe genommen."

„Respekt, Kevin, Du traust Dich was."

„Sicher. Das war ein enormes Risiko, weil ein Pizza-Hersteller sich als Sponsor angeboten hat. Vorsichtshalber habe ich dessen Produkte nicht gekauft."

„Was war denn das Ergebnis Deiner Untersuchung?"

„Patrick, es war erschütternd. Ich riß sämtliche Verpackungen vorsichtig auf. Danach führte ich den ultimativen Vergleich durch. Was war auf dem Foto auf der Verpackung zu sehen und was sah ich auf der Pizza?"

„Kevin, beruhige Dich! Du zitterst ja am ganzen Körper. Regie: Bringt mal 'nen ordentlichen Schnaps!"

„Patrick, es war der Horror! Danke für den Schnaps. Den kann ich jetzt brauchen."

„Sag mir, was Du gesehen hast! So eine Gesprächstherapie soll ja Wunder wirken."

„Bislang habe ich mit niemandem darüber gesprochen. Mein Psychiater erfährt davon kein Wort. Der schickt mich direkt in die Klapse."

„Hier sind wir ja unter uns, Kevin. Sprich Dich aus! Das wird Dich erleichtern."

„Also gut. Sei stark, Patrick. Ich habe ein handschriftliches Protokoll erstellt. Daraus lese ich jetzt exklusiv vor. Liebe Zuschauerinnen und Zuschauer, wir bringen jetzt eine kurze Werbung von einer Ihnen zweifelsohne bekannten Firma, die ihr Geld damit verdient, unbedarften Singles Tiefkühlpizza anzudrehen.

Vielen Dank, liebe Zuschauerinnen und Zuschauer, daß Sie wieder vor den Fernsehapparaten sitzen. Nun bitte ich um Ihre uneingeschränkte Aufmerksamkeit. Ich präsentiere das Testergebnis."

„Kevin, soll ich Deine Hand halten?"

„Patrick, das wäre super!"

„Liebe Zuschauerinnen und Zuschauer, dies ist eine Live-Übertragung. Mir ist das Ergebnis von Kevins Testkäufen auch unbekannt. Die Spannung steigt ins Unermeßliche! Kevin, was hast Du herausgefunden?"

„Vorweg, alle Pizzen sahen auf den Fotos 1 A aus. Lecker ohne Ende. Der Inhalt der Verpackung wich davon leider ab."

„Kevin, was waren die auffälligsten Unterschiede?"

„Auf der Verpackung sieht man sechs Scheiben Salami auf der Pizza. Die Pizza an sich hatte dann nur noch fünf Scheiben Salami als Belag."

„Das grenzt an Betrug! Was fiel Dir noch an Ungereimtheiten auf?"

„Patrick, ich habe selbstverständlich den Durchmesser der Salamischeiben gemessen. Auf der Verpackung betrug der Durchmesser zehn Zentimeter. Die Salamischeiben auf der Pizza hatten aber nur einen Durchmesser von 9,38 cm. Das ist doch die Höhe!"

„Kevin, Du bist da einem riesigen Betrug auf der Spur! Wie sieht es mit den Champignons aus?"

„Ein ähnliches Bild. Auf der Verpackung werden acht Champignons gezeigt. Auf der Pizza sind dann gerade einmal sechs vorhanden. Das muß man sich als Verbraucher doch nicht bieten lassen!"

„Keinesfalls. Vielleicht sollten wir jetzt gemeinsam eine selbstgemachte Pizza zubereiten. Das wäre es doch, oder?"

„Sicherlich, Patrick. Nur bekomme ich gerade über den kleinen Mann im Ohr mitgeteilt, daß unsere Sendezeit bereits wieder vorbei ist. Ist es denn zu fassen?"

„Kevin, das holen wir in der nächsten Sendung nach. Ich bleibe Euch erhalten. Mein Honorar wurde gerade verdoppelt."

„Das ist super, Patrick. Liebe Zuschauerinnen und Zuschauer, trauen Sie einer Tiefkühlpizza nur so weit, wie Sie sie werfen können. Bleiben Sie uns treu und schalten Sie wieder ein, wenn es zum fünften Mal heißt: Kochen – wirklich leicht gemacht. Dann – unter dem Motto ‚Kochen für Hartz-IV-Empfänger'!" <<

KOCHEN – WIRKLICH LEICHT GEMACHT V

>> Liebe Zuschauerinnen und Zuschauer! Ich begrüße Sie recht herzlich zu unserer fünften Sendung ‚Kochen – wirklich leicht gemacht'. Diejenigen, die unsere Sendung von Anfang an verfolgen, werden Patrick, unseren Jungkoch gleich wieder erkennen. Obwohl Patrick erst seit einem Jahr in der Kochausbildung ist, kann er schon leckere Gerichte zaubern.

„Patrick, Dir geht es ja nicht besser als der jungen und etwas unerfahrenen Ehefrau, wenn ich das mal so sagen darf."

„Kevin, es ist super, daß ich wieder hier sein darf. Klar, zwischen mir und den frisch verheirateten Ehefrauen gibt es bestimmte Parallelen. Bevor hier irgendwelche Gerüchte aufkommen: Nein, ich bin nicht schwul."

„Patrick, davon kann ja wohl keine Rede sein. Wir wissen ja, Du bist glücklich mit Mandy liiert."

„Mandy? Das war doch die Zicke aus unserer ersten Sendung. Nein, ich bin mit Nadine zusammen."

„Entschuldige Patrick. Klar. Nadine war so beeindruckt von Deinen Kochkünsten, daß sie Euren kleinen Streit mittlerweile vergessen hat."

„Kevin, ganz so ist es auch nicht. Also von meinem letzten Menü war Nadine ..."

„Patrick, darüber reden wir ein anderes Mal. Nun begrüßen wir Hans, der schon seit einiger Zeit von Hartz IV leben muß und heute seine eigenen Erfahrungen einbringt."

„Hans, wir von ,Kochen – wirklich leicht gemacht' begrüßen Sie ganz herzlich bei unserer Sendung, heute unter dem Motto ,Kochen für Hartz IV-Empfänger'. Wie geht es Ihnen, Hans, was essen Sie? Können Sie von 364 Euro pro Monat leben?"

„Nein."

„Liebe Zuschauerinnen und Zuschauer, sollten Sie auch mit Hartz IV Erfahrungen haben, wenden Sie sich bitte direkt an Frau Angela Merkel. Die ist für sowas zuständig. Wir blenden jetzt die entsprechende E-Mail-Adresse ein, die da lautet: angie@bk.de. Die können Sie sich ganz einfach merken: Angie – Bundeskanzlerin – Deutschland."

„Hans, haben Sie sich schon an die Bundeskanzlerin gewendet, um Ihre Situation zu verbessern?"

„Nein."

„Liebe Zuschauerinnen und Zuschauer, ich erfahre gerade, daß die E-Mail-Adresse unserer Kanzlerin momentan nicht funktioniert. Da sind anscheinend größere Wartungsarbeiten im Gange. Das ist ärgerlich für Sie, Hans. Was tun Sie stattdessen?"

„Nichts."

„Natürlich kann sich unsere allseits beliebte Kanzlerin nicht um alles kümmern. Die Probleme stürzen auf sie ein. Die meisten sind gar internationaler Natur. International schlägt national. Soviel dürfte einmal klar sein."

„Kevin, was soll ich denn heute kochen?"

„Patrick, jetzt störe mal nicht, wenn sich Erwachsene unterhalten. Hans, die Kanzlerin hat es schwer. Dem können Sie doch gewiß zustimmen. Sie tut und macht; ihr Terminplan ist voll. Ihr Koalitionspartner FDP verschwindet gerade im Nirwana. Statt 18 % in Berlin nur noch 1,8 %, da kommen einem doch die Tränen, oder?"

„Nein."

„Liebe Zuschauerinnen und Zuschauer, nachdem Hans uns nun sehr ausführlich und anschaulich erzählt hat, wie bitter die Situation für ihn ist, bitte ich nun Patrick, etwas für unseren neuen Freund zu kochen, was innerhalb seines Budgets liegt. Patrick, lege mal mit Hans los."

„Kevin, das ist gar kein Problem. Ich habe auch nur einen Lehrvertrag und liege locker unter dem Hartz-IV-Satz. Hans, was ißt Du denn so, normalerweise?"

„Wenig."

„Aha, da stehen uns quasi alle Optionen offen. Hans, so Grundnahrungsmittel wie Reis, Nudeln und Kartoffeln hast Du im Haus?"

„Ja."

„Liebe Zuschauerinnen und Zuschauer, Entschuldigung, wenn ich mich hier einmische. Kaufen Sie Reis, Nudeln und Kartoffeln. Das ist extrem wichtig. Diese Grundnahrungsmittel überleben sämtliche Börsenturbulenzen. Apropos: Die Regie schaltet nun einen kurzen Werbespot von Onkel-Ben's-Reis.

Liebe Zuschauerinnen und Zuschauer, vielen Dank, daß Sie bei uns geblieben sind. Sie wollen jetzt bestimmt wissen, wie es weitergeht. Dazu haben wir auch schon direkt die erste Zuschauerfrage. Ich begrüße ganz herzlich Thomas Müller in der Leitung."

„Thomas, welche Frage haben Sie an Patrick, der uns in dieser Sendung so wunderbar bekocht?"

„Ich habe hier eine 1 A Rinderroulade. Die ist saftig und gut abgehangen. Ich will jetzt eine Thüringische Rinderroulade mit Klößen zubereiten. Wie geht das?"

„Super, Thomas. Das wird unsere Zuschauerinnen und Zuschauer brennend interessieren. Patrick, walte Deines Amtes!"

„Solche altertümlichen Rezepte kenne ich nicht. Ich kann sowas wie Currywurst oder Döner."

„Thomas, da müssen Sie sich wohl an ein Antiquariat wenden, das uralte Kochbücher verkauft. Rinderroulade mit Klößen ist sowieso brutal ungesund. Die Thüringer essen das ohne Ende und sind wohl deshalb die unglücklichsten Deutschen. Essen und Befindlichkeit hängen zusammen. Da beißt die Maus keinen Faden ab."

„Patrick, ich sehe, Du hast schon mit dem Kochen für Hans, dem Hartz-IV-Empfänger, begonnen."

„Genau, Kevin. Ich habe gleich am Anfang der Sendung drei Kartoffeln aufgesetzt."

„Wie jetzt, Patrick? Hast Du die geschält, hast Du die in Scheiben geschnitten, oder was genau hast Du gemacht? Wir sind hier im Fernsehen. Da kannst Du praktisch keinerlei Kenntnisse voraussetzen."

„Kevin, ich habe gleich drei Kartoffeln in kaltem Wasser aufgesetzt. Nach fünf Minuten begann das Wasser an zu kochen. Samt Kartoffeln."

„Patrick, das ist ja der Wahnsinn! Damit hätte ich NIE gerechnet! Wie hast Du das geschafft?"

„Herdplatte auf 9; da geht was ... Danach runterschalten auf 4 zum Weiterköcheln."

„Liebe Zuschauerinnen und Zuschauer. Wir bringen nun einen Sicherheitshinweis des TÜV. Setzen Sie sich keinesfalls auf den Herd, auch wenn Ihnen die Heizung abgedreht wurde!"

„Patrick, was passiert jetzt nach 25 Minuten Sendezeit?"

„Die Kartoffeln sind durch, also gar."

„Wahnsinn, Patrick! Ein Wunder! Was sagen Sie dazu, Hans?"

„Nichts."

„Patrick, wir haben noch zwei Minuten und acht Sekunden. Du mußt nun anrichten!"

„Hans, jetzt pelle mal zwei Kartoffeln!"

„Nein."

„Wir sind hier wieder einmal im Endspurt, liebe Zuschauerinnen und Zuschauer. Ich entferne gerade die Schale weiträumig von der Kartoffel. Hans ist leider etwas geschwächt durch diese ganze Hartz IV-Geschichte. Ist ja auch verständlich."

„Kevin! Von Deinen Kartoffelwürfeln im Durchmesser von 1 x 1 Zentimeter wird ja niemand satt!"

„Möglich. Ich dachte, das sei eine Gourmet-Sendung. Großer Teller – nix drauf!"

„Hans, Sie als Betroffener sind natürlich als Einziger zu einer dezidierten Meinung fähig. Was würden Sie jetzt gerne essen?"

„Rinderrouladen mit Thüringer Klößen."

„Patrick, wie sieht es damit aus?"

„Schlecht."

„Was dürfen wir nun goutieren?"

„Pellkartoffeln mit Salz, Butter und Leberwurst."

„Das ist natürlich ein Traum, Patrick. Was wirst Du unseren Zuschauerinnen und Zuschauern in der nächsten Sendung präsentieren?"

„Ich dachte da an Pellkartoffeln mit Kräuterbutter und Quark."

„Phantastisch! Hans, was sagen Sie dazu?"

„Nichts."

„Das ist doch ein super Schlußwort. Liebe Zuschauerinnen und Zuschauer, schalten Sie wieder ein bei Kochen – wirklich leicht gemacht', dann unter dem Motto, Kochen mit Kartoffeln'. <<

KOCHEN – WIRKLICH LEICHT GEMACHT   KLAPPE/VI

>> Liebe Zuschauerinnen und Zuschauer! Ich begrüße Sie recht herzlich zu unserer sechsten Sendung ,Kochen – wirklich leicht gemacht'.

„Patrick, die letzte Sendung war ja der helle Wahnsinn! Wir erhielten fast fünf Millionen Zuschriften! Unsere Redaktion konnte innerhalb der vergangenen Woche nur einen Bruchteil der Zuschauerreaktionen analysieren. Viele der Zuschauerinnen und Zuschauer haben wohl den Anfang der letzten Sendung verpennt, wenn ich das mal so salopp sagen darf. Patrick, wie genau geht das noch einmal mit den Pellkartoffeln?"

„Kevin, nichts leichter als das. Wenn die Kartoffeln nach ca. 25 Minuten gar sind ..."

„Patrick, so geht das nicht! Du mußt die Zuschauerinnen und Zuschauer schon abholen. Nicht jeder ist ein angehender Drei-Sterne-Koch."

„Gut, daß Du das ansprichst, Kevin. Gestern rief mich Lafer an und fragte, ob ich nicht lieber ..."

„Patrick, jetzt werde mal nicht übermütig! Nur weil Du hier ein paar Mal in dieser Sendung kochen durftest, bedeutet das noch lange nicht, daß aus Dir ein Drei-Sterne-Koch wird."

„Lafer hat mir immerhin ..."

„Regie, schaltet mal eine Werbung! Das ist ja nicht zu fassen! Liebe Zuschauerinnen und Zuschauer, noch einmal herzlich willkommen zu unserer heutigen Sendung unter dem Motto ‚Kochen mit Kartoffeln' mit unserem ambitionierten Jungkoch Patrick, den ich während der Werbepause kurz auf den Boden der Tatsachen zurückholen mußte. Eine Schwalbe macht noch keinen Sommer. Patrick, nun erkläre bitte noch einmal, wie das genau mit den Pellkartoffeln geht."

„Kevin, sicher, Grundrezepte müssen sitzen. Da hast Du natürlich völlig recht. Mein Berufsschullehrer sagt auch immer: ‚Wenn die Kartoffeln Matsch sind, wird das nichts mehr mit dem Kartoffelsalat!'"

„Das hast Du schön gesagt, Patrick. Erfahrung ist halt brutal wichtig, oder?"

„Sicher, Kevin. Wenn die Kartoffeln Matsch sind, gibt es halt Kartoffelbrei. Da muß man als Koch schon etwas flexibel sein."

„Patrick, wir haben heute wieder einen Gast. Ich freue mich sehr, Oma Gerda begrüßen zu dürfen. Sie ist 60 Jahre alt, wenn ich das sagen darf."

„Nein, das darfst Du nicht! Nimm das sofort zurück!"

„Gerda, wir hatten doch vor der Sendung vereinbart ..."

„VOR der Sendung ist nicht jetzt! Ich bin 49 und keinen Tag älter. Ist das soweit klar?"

„Gerda, jetzt rege Dich nur nicht auf! Bei Deinem Alter muß ich mich wohl vertan haben. Das tut mir leid."

„Seit wann duzen wir uns denn, Kevin?"

„Na ja, in so einer Kochsendung duzen sich alle."

„Dem mag so sein. Knigge ist Dir ein Begriff?"

„Selbstverständlich, Gerda. Das ist doch dieses altertümliche Benimmwerk aus dem 18. Jahrhundert, oder?"

„Richtig. Adolph Knigge lebte von 1752 bis 1796. Es ging um den Umgang mit Menschen. Ich wüßte nicht, was sich seitdem verändert haben sollte. Oder gibt es dazu ein neues Gesetz?"

„Gerda, wir sind hier in einer Kochsendung und nicht in einem Benimmkurs. Jetzt bitte ich Dich, konzentriere Dich auf die Pellkartoffeln!"

„SIE ... Jetzt bitte ich Sie darum, sich auf die Pellkartoffeln zu konzentrieren. So heißt der Satz korrekt. Im Übrigen heiße ich Gerda Freifrau von Oberstadt. Du darfst Baronin zu mir sagen."

„Regie! Was ist denn jetzt wieder passiert? Ich dachte, Gerda heißt Gerda Huber; sie ist 60 Jahre alt, hat drei Kinder und sechs Enkelkinder und kocht sozusagen seit 35 Jahren Pellkartoffeln? Nein? Hier handelt es sich um eine Verwechslung? Gerda Freifrau von Oberstadt sollte eigentlich zur Sendung ‚Adel verpflichtet'? Ihr Vollidioten!

Baronin Gerda von Oberstadt, ich erfahre gerade, hier liegt eine Verwechslung vor. Sie sind in der falschen Sendung. Darf ich Sie trotzdem fragen, ob Sie Pellkartoffeln kochen können?"

„Baronin, Kevin."

„Sage ich doch. Baronin Gerda von Oberstadt."

„Nein, Kevin. Die Anrede heißt einfach nur Baronin."

„Baronin, können Sie unseren Zuschauerinnen und Zuschauern erklären, wie man Pellkartoffeln kocht?"

„Aber sicher doch, Kevin. Ich sage meiner Köchin, daß ich zur Kaviarcreme eine halbe Pellkartoffel gereicht bekommen möchte."

„Ach, das ist ja hochinteressant, Frau von Oberstadt. Sie essen nur eine halbe Pellkartoffel? Das ist ein super Hinweis für unsere Zuschauerinnen und Zuschauer. Was passiert denn mit der anderen Hälfte der Pellkartoffel?"

„Baronin! Die Anrede heißt Baronin! Bin ich hier nur von ordinärem Pöbel umgeben?"

„Patrick, wir haben nun gelernt, daß Baronin Gerda von Oberstadt als Baronin tituliert wird. Ohne alles. Hast Du das gewußt?"

„Nein, Kevin. Darf ich der Baronin auch eine Frage stellen?"

„Aber sicher doch, Patrick."

„Baronin, wie geht denn das Rezept mit der Kaviarcreme?"

„Patrick! Jetzt reiß Dich mal zusammen! 50 Millionen Zuschauerinnen und Zuschauer wollen jetzt wissen, wie das mit den Pellkartoffeln geht.

Jetzt fang mal an. Wofür bezahlen wir Dich eigentlich? Wir haben noch fünf Minuten Sendezeit."

„Kevin, in fünf Minuten kann niemand Pellkartoffeln kochen! Bei kleinen bis mittelgroßen Kartoffeln dauert die Kochzeit 20-25 Minuten."

„Immerhin, Patrick, das ist ein wichtiger Hinweis. Wenn jemand also um 12.15 Uhr Pellkartoffeln essen möchte, sollte er oder sie die Kartoffeln um 11.50 Uhr aufsetzen. Eine viel gestellte Frage war auch, ob sich die Kochzeit reduzieren läßt, wenn man die Kartoffeln vorher schält und ganz klein schnipselt."

„Sicherlich, wenn man die geschälten und geschnittenen Kartoffeln in Salzwasser kocht, erhält man die sogenannten Salzkartoffeln. Deine Zeitangabe stimmt so nicht. Wenn jemand um 12.15 Uhr Pellkartoffeln essen möchte, sollten die Kartoffeln um 11.45 Uhr aufgesetzt werden. Die Kartoffeln müssen 20-25 Minuten kochen. Bis das Wasser kocht, dauert es ein paar Minuten."

„Patrick, ich bin tief beeindruckt! Was würde denn passieren, wenn die Kartoffeln nur 15-20 Minuten kochen?"

„Kevin, dann wären sie innen nicht durch und ungenießbar."

„Gräfin, wurden Ihnen schon einmal Pellkartoffeln serviert, die nicht durch waren?"

„Baronin. Die Anrede heißt Baronin. Die Köchin, die das wagte, lebt derzeit von Hartz IV."

„Liebe Zuschauerinnen und Zuschauer, wir schalten nun direkt zu Mechthild Reinhardt, die eine Frage an die Gräfin hat. Sie rufen aus Weimar an. Wie lautet Ihre Frage?"

„Nein, diese Adelstante ist mir egal. Die soll an ihrem silbernen Löffel ersticken. Ich möchte von Patrick wissen, was es denn nun in der Sendung zum Essen gibt."

„Patrick, diese Frage ist durchaus berechtigt. Wir haben noch fünf Minuten Zeit. Unsere Baronin hat zu dem Thema wohl nichts beizutragen, oder?"

„Kevin, in fünf Minuten geht nur sowas wie die ‚Fünf-Minuten-Terrine'. Du kaufst Dir so 'nen Becher von Maggi oder Knorr, öffnest den nach Anleitung und gießt kochendes Wasser bis zur Markierung.

Anschließend umrühren, den Aludeckel drüber, fünf Minuten warten, Aludeckel auf, nochmal umrühren und fertig!"

„Regie, das ist ja phantastisch! Haben wir sowas? Nein? Natürlich nicht! Ihr Pfeifen! Patrick, unsere Zuschauerinnen und Zuschauer warten ja nun darauf, daß in dieser Sendung etwas zum Essen serviert wird. Hast Du zufällig etwas vorbereitet?"

„Na ja, von letzter Woche sind noch ein paar Pellkartoffeln übrig. Doch mal ehrlich, die sehen nicht mehr ansehnlich aus und riechen schon ein bißchen streng."

„Ach, Pellkartoffeln sind nicht unbegrenzt haltbar?"

„Nein."

„Patrick, das ist ein wahnsinnig wichtiger Hinweis für unsere Zuschauerinnen und Zuschauer. Sie sollten also nur so viele Kartoffeln kochen, wie sie auch verzehren."

„Exakt."

„Uns bleiben noch zwei Minuten, und es gibt nichts zum Essen. Patrick, das ist eine Kochsendung! Du bist fürs Kochen zuständig. Das ist der Super-Gau!"

„Kevin, Du warst derjenige, der sich lieber mit Frau Baroneß unterhielt als mit mir. Da kannst Du mal sehen, wo diese Adelsanbeterei hinführt."

„Baronin, Patrick. Es handelt sich um eine Baronin. Frau Baronin, wie würden Sie diese ausweglose Situation noch retten?"

„Baronin. Nur Baronin. Ohne Frau."

„Jetzt, wo Sie es sagen und ich Sie mir näher anschaue ..."

„Kevin, es reicht! Öffne die Studiotür. Ein bißchen schneller als gewohnt. Wenn Dich jetzt noch jemand rettet, dann ist es der Adel, nämlich ich.

„Regie, jetzt macht schon die Tür auf. Wir haben noch 60 Sekunden Sendezeit!"

„Frau Freifrau, das ist ja super! Ein Gourmet-Catering-Service! Mit allem, was das Herz begehrt. Was sagst Du dazu, Patrick?"

„Das ist der Wahnsinn! Nur, wo sind die Pellkartoffeln?"

„Patrick ...! Liebe Zuschauerinnen und Zuschauer, wenn Sie also Probleme haben, Pellkartoffeln zu kochen, rufen Sie einfach bei Käfer Feinkost an. Bitte melden Sie sich rechtzeitig, die Warteliste sei lang, flüstert mir gerade die Gräfin zu. Pellkartoffeln gibt es von Käfer Feinkost zwar nicht, dafür aber eine absolut leckere Kaviarcreme. Schalten Sie bitte nächste Woche wieder ein, wenn es heißt ‚Kochen – leicht gemacht‘, dann unter dem Motto ‚Kochen wie beim Adel‘. Sie sehen, auch der Adel kocht nur mit Wasser. Vielen Dank für Ihr Interesse." <<

KOCHEN – WIRKLICH LEICHT GEMACHT   KLAPPE/VII

>> Liebe Zuschauerinnen und Zuschauer! Ich begrüße Sie auch heute wieder recht herzlich zu unserer siebten Sendung ‚Kochen – wirklich leicht gemacht‘.

„Patrick, in unserer letzten Sendung hatten wir Gerda Freifrau von Oberstadt zu Gast. Das war natürlich der absolute Knüller! Wir erhielten sehr viele Zuschriften. Die meisten Zuschauerinnen wollten wissen, wann die Gräfin wieder zu Gast sein wird. Patrick, Du hast nach der Sendung mit ihr gesprochen. Was hat die Gräfin gesagt?"

„Kevin, Du meinst die Baronin."

„Welche Baronin denn?"

„Na, Gerda Freifrau von Oberstadt."

„Das ist eine Baronin? Wenn ich das gewußt hätte, Patrick, hätten wir natürlich etwas anderes gekocht als schnöde Pellkartoffeln."

„Kevin, wir haben in der letzten Sendung gar nichts gekocht."

„Ach, wirklich? Das ist mir gar nicht aufgefallen! Aber nun zurück zu der meist gestellten Frage unseres vornehmlich weiblichen Publikums: ‚Wann kommt Gerda wieder in die Sendung?‘"

„Woher soll ich das wissen? Kevin, es ist ja wohl Deine Aufgabe, Dich um die Wahl der Gäste zu kümmern. Ich bin hier nur fürs Kochen zuständig."

„Sicher Patrick, das ist natürlich richtig. Du wirst Dich freuen zu hören, daß heute Nadine, Deine Freundin, unser Gast ist!"

„Wieso denn Nadine? Nadine kann überhaupt nicht kochen!"

„Das ist doch geradezu ideal, Patrick. Wir machen hier keine Sendung für Leute, die bereits kochen können. Dafür sind andere zuständig. Solche Sendungen gibt es zuhauf. Neulich habe ich kurz in eine Sendung unserer Konkurrenz reingezappt. Da ging es um die Zubereitung von Rinderfond! Das muß man sich mal vorstellen! Drei Stunden dauert sowas. Das kann man niemandem zumuten. Da muß man ja schon morgens um neun Uhr mit der Zubereitung des Mittagessens beginnen. Doch jetzt begrüßen wir Nadine. Hallo Nadine, ist es wahr, daß Du nicht kochen kannst?"

„Richtig, Kevin, das kann Dir Patrick voll bestätigen."

„Ja, das kann ich bestätigen. Erzähle mal die Geschichte mit den Ravioli, Nadine."

„Nein, Patrick, das ist mir zu peinlich."

„Nadine, hier muß Dir gar nichts peinlich sein. Wir sind ja sozusagen unter uns. Ich kann auch nicht wirklich kochen. Mir ist mal bei einer Tiefkühlpizza etwas furchtbar Lustiges passiert. Das war meine erste Tiefkühlpizza. Ich war gerade von zu Hause ausgezogen und mußte mir etwas Eßbares zubereiten. So ganz alleine, ohne Mama. Also nichts wie rein in den Supermarkt und zur Tiefkühltruhe. Da hatte ich schon das erste Problemchen. Die Auswahl war so groß; ich wußte gar nicht, welche Tiefkühlpizza ich nun kaufen sollte. Ich zückte mein Handy und rief bei Mama an. Es ging nur der Anrufbeantworter dran. Da war guter Rat teuer."

„Was hast Du dann gemacht, Kevin?"

„Nun, ich wählte einfach die teuerste aus. Was sonst?"

„Der Preis und die Lebensmittelqualität können, müssen aber nicht in einem Zusammenhang stehen."

„Patrick, da sagst Du etwas Wahres. Neulich kaufte ich mir ein sündhaft teures Rindersteak aus Kobe. Die Rinder werden dort massiert, damit das Fleisch recht zart wird. Was soll ich sagen? Ich habe das Steak gebraten, und es war hart wie Schuhsohle!"

„Kevin, wie lange hast Du es denn gebraten?"

„So 15 Minuten auf jeder Seite. Aber es wurde und wurde nicht weich."

„Je länger man ein Steak brät, desto härter und zäher wird es."

„Liebe Zuschauerinnen und Zuschauer, Sie sehen, hier können Sie etwas lernen. Patrick, unser Jungkoch hat den vollen Durchblick. Außerdem können Sie sich Rindersteaks aus Kobe sparen. Der Preis ist unverschämt und die Steaks werden hart wie Schuhsohle."

„Nein, Kevin, wenn Du das Steak nur kurz auf beiden Seiten anbrätst und dann bei 80^0 in den Backofen schiebst, wird das Steak wunderbar."

„Eben, sage ich doch. So ein teures Rindersteak aus Japan ist für die Katz. Aber nun möchte ich wieder auf meine erste Tiefkühlpizza zu sprechen kommen. Ich wählte die Gourmet-Pizza von Dr. Oetker. Die kostete 4,59 Euro. Das muß man sich mal vorstellen! Wucher, sage ich da nur. Da hätte ich gleich den Pizza-Service anrufen können!"

„Kevin, manchmal ist das keine schlechte Idee, vor allem, wenn man kochtechnisch nicht so versiert ist."

„Patrick, Du untergräbst unsere Sendung! Die Leute sollen ja kochen!"

„Hier haben wir schon Joachim Leyenmüller aus Cottbus am Apparat. Herr Leyenmüller, Sie sind nun live auf Sendung, stellen Sie bitte Ihre Frage."

„Ich möchte jetzt wissen, wie die Geschichte mit den Ravioli von Nadine ausgeht."

„Das ist eine durchaus berechtigte Forderung unseres Zuschauers Joachim Leyenmüller aus Cottbus. Nadine, wenn Du so freundlich wärst? Erzähle einfach, was passiert ist."

„Also gut, wenn es denn sein muß. Ich habe Patrick zum Essen eingeladen. Das war natürlich eine völlig beschränkte Idee. Patrick lernt Koch. Ich hingegen habe vom Kochen null Ahnung."

„Nadine, das muß Dir doch nicht peinlich sein. Du befindest Dich in guter Gesellschaft. Die meisten unserer Zuschauerinnen und Zuschauer sind auch nicht perfekt, was das Kochen anbelangt. Deshalb schauen sie ja zu. Also, Du hattest Patrick zum Essen eingeladen, ausgerechnet einen Koch. Vielleicht wäre es besser gewesen, gemeinsam ins Kino zu gehen?"

„Im Nachhinein betrachtet, hast Du natürlich recht. Ich hingegen versteifte mich aufs Kochen und dachte, Ravioli sind in aller Munde, das kann ja so schwer nicht sein."

„Du wolltest selbstgemachte Ravioli zubereiten, mit Teig, Füllung und Tomatensauce?"

„Nein, natürlich nicht. Ich weiß ja gar nicht, wie das geht!"

„Jetzt wird es hochinteressant, liebe Zuschauerinnen und Zuschauer, halten Sie sich fest! Wie hat sich Nadine aus der Affäre gezogen? Nadine, wie ging es weiter? Hast Du Dir ein Kochbuch gekauft?"

„Nein, ich kaufte eine Dose Ravioli von Maggi."

„Aha, Patrick, jetzt bitte ich Dich mal um Deine neutrale Meinung. Was hältst Du von Ravioli aus der Dose?"

„Kevin, das kommt darauf an. So ein Billigdosenprodukt würde ich eher nicht empfehlen. Da lohnt es sich auf alle Fälle, auf ein Markenprodukt zurückzugreifen."

„Bevor unsere Zuschauerinnen und Zuschauer wieder zur Feder greifen, um welche Preisunterschiede geht es denn dabei?"

„Das kann ich nicht sagen. Ich kaufe keine Ravioli aus der Dose."

„Regie! Was kostet denn so eine Dose Ravioli? Ihr habt keine Ahnung? Na, von Euch ist ja nichts anderes zu erwarten. Ihr holt natürlich den Pizza-Service, schon klar. Nadine, Du hast Dir also eine Dose Ravioli vom Marktführer besorgt. Wie ging es dann weiter?"

„Zu Hause versuchte ich dann, die Anleitung zu entziffern. Die Schrift war jedoch so klein, daß ich nur das Wort ‚erwärmen' einigermaßen lesen konnte."

„Das schlägt doch dem Faß den Boden aus! Zuerst kaufst Du diese unverschämt teuren Ravioli, und dann ist nicht einmal die Kochanleitung lesbar? So etwas müssen sich die Verbraucher nicht gefallen lassen!

Regie! Das nächste Mal möchte ich hier jemanden von der Fertigproduktindustrie sitzen haben. Das ist doch die Höhe!

Also, Nadine, Du hast also diese Dose mit Ravioli zu Hause und gerietst etwas unter Zeitdruck, weil Patrick schon unterwegs war."

„Genau, Du sagst es, Kevin. Also tat ich das, was ich immer tue, wenn ich etwas erwärme. Ich stellte die geschlossene Dose in die Mikrowelle. Kaum hatte ich die Mikrowelle auf fünf Minuten eingestellt, klingelte es schon und Patrick stand vor der Tür."

„Nadine, das ist eine furchtbar spannende Geschichte. Wurde jemand verletzt, als die Dose samt Ravioli in der Mikrowelle explodierte?"

„Nein, ich hatte die Mikrowelle zum Glück noch nicht eingeschaltet. Ich hatte nur die Zeit eingestellt."

„Da kannst Du Deinem Schutzengel gar nicht genug dankbar sein, Nadine."

„Richtig! Der Schutzengel hat einen Namen, nämlich Patrick."

„Das ist wirklich romantisch, Nadine. Unsere Zuschauerinnen werden begeistert sein.

Patrick, wie hast Du die Situation gerettet? Und übrigens, wir haben noch fünf Minuten Zeit. Was gibt es heute in der Sendung eigentlich zum Essen? Ich sehe hier nur eine Dose mit zweifelhaftem Inhalt! Patrick, Du hast mit dem Sender einen Vertrag so wie ich auch. Ich führe durch die Sendung, und Du kochst!"

„Jetzt beruhige Dich mal, Kevin. Nadine öffnete die Haustür, und ich ging direkt in die Küche. Auf dem Herd kochte genau nichts. Also fragte ich Nadine, was es denn Leckeres zum Essen gäbe."

„Nadine, erzähle jetzt unseren Zuschauerinnen und Zuschauern, was genau geschah."

„Patrick folgte meinem Blick. Dann rannte er zur Mikrowelle, öffnete die Tür und nahm die Dose mit den Ravioli heraus."

„Das nenne ich mal Geistesgegenwart! Patrick, nachdem Du Nadines und Dein Leben gerettet hattest, war die Sache mit dem Essen natürlich zweitrangig, richtig?"

„Nein, natürlich nicht. Ich hatte schließlich Hunger. Also nahm ich die Dose, so wie ich jetzt diese Dose nehme, griff zum Dosenöffner, so wie ich es jetzt auch tue, öffnete die Dose und schüttete den Inhalt in einen bereits vorgewärmten Topf. So wie jetzt. Danach erhöhte ich die Temperatur, rührte den Topfinhalt um und holte zwei Teller aus dem Küchenschrank."

„Alles sehr schön, Patrick. Nur sind wir jetzt zu dritt. Wir brauchen drei Teller!"

„Gewiß, Kevin. Jetzt stehen drei Teller auf dem Tisch und die Ravioli sind auch schon fertig!"

„Ach, in der Dose waren Ravioli! Patrick, das ist ja absolut genial! Verfeinerst Du das Gericht noch, oder kommt es so auf den Tisch?"

„Ich gebe noch eine oder zwei Prisen Salz hinzu und noch etwas Parmesankäse, wenn die Ravioli auf dem Teller serviert sind."

„Patrick, die Sache mit dem Parmesankäse lassen wir erst einmal weg. Wir wollen unsere Zuschauerinnen und Zuschauer ja nicht überfordern. Aber, ich muß sagen, das Gericht schmeckt wirklich hervorragend!"

„Kevin, Kochen kann doch wirklich so einfach sein."

„Das ist ein schönes Schlußwort, Patrick. Liebe Zuschauerinnen und Zuschauer, vielen Dank für Ihre Aufmerksamkeit. Schalten Sie nächste Woche wieder ein, wenn es heißt ‚Kochen – wirklich leicht gemacht‘, dann unter dem Motto ‚Welche Rolle spielt die Lebensmittelmafia?‘“ <<

KOCHEN – WIRKLICH LEICHT GEMACHT KLAPPE/VIII

>> Liebe Zuschauerinnen und Zuschauer! Ich begrüße Sie recht herzlich zu unserer achten Sendung ‚Kochen – wirklich leicht gemacht‘.

„Patrick, in unserer letzten Sendung war Deine Freundin Nadine zu Gast, die uns erzählte, wie sie fast durch eine explodierende Dose mit Ravioli frühzeitig ihr Leben verloren hätte. Nur Dein geistesgegenwärtiges Einschreiten konnte das Schlimmste verhindern.“

„Jetzt übertreibe mal nicht, Kevin. Wer kommt schon auf die Idee, den Inhalt einer geschlossenen Dose in der Mikrowelle zu erwärmen. Nadine ist einfach nur bescheuert. Deshalb trennten sich auch unsere Wege.“

„Sag so etwas nicht, Patrick. Wir erhielten zahllose Zuschriften von Zuschauern, denen genau so ein Malheur schon einmal passiert ist. Zum Glück ging das alles glimpflich aus.“

„Die Zuschauer sollten vor Inbetriebnahme der Mikrowelle die Anleitung lesen. Da steht explizit drin, daß man zum Beispiel Hunde nach dem Bad NICHT in die Mikrowelle stecken sollte. Auch zum Wäschetrocknen ist die Mikrowelle nicht geeignet.“

„Ist sie nicht? Also Patrick, ich habe erst neulich …“

„Kevin, Du hast Deinen Hund in die Mikrowelle gesteckt?“

„Nein, Patrick, ich habe gar keinen Hund. Aber eines meiner zwei Sockenpaare mußte ich sozusagen ‚Not-trocknen‘. Ich hatte da eine Verabredung mit, äh, der Name tut nichts zur Sache. Ich fürchtete nur, es werde zum Äußersten kommen, und da kann man natürlich nicht mit Stinkesocken …“

„Kevin, jetzt hör aber auf! Das ist eine Kochsendung!“

„Patrick, mir mußt Du das nicht sagen. Letzte Woche mußten wir feststellen, daß es sich die Fertiggerichthersteller ziemlich einfach machen. Sie werfen etwas in eine Dose, und dann soll der Käufer selber sehen, wie er damit klar kommt. Die Kochanleitung ist mikroskopisch klein gedruckt. Die kann kein normaler Mensch lesen. Genau das wurde von unseren Zuschauerinnen und Zuschauern voll bestätigt. Wir konnten uns vor Zuschriften kaum retten. Ein netter Vorschlag kam von Dieter Klar aus Köln. Die Jecken eben! Der Vorschlag lautete, zu jedem Dosengericht solle eine Lupe kostenlos beiliegen. Nun, so ganz abwegig ist der Vorschlag nicht, oder was meinst Du, Patrick?"

„Kevin, es wäre schon ziemlich hilfreich, wenn die Konsumenten, die eine Lesehilfe benötigen, diese auch aufsetzten. Spätestens zu Hause, bevor sie das Gericht zubereiten."

„Patrick, das ist ein super Hinweis. Liebe Zuschauerinnen und Zuschauer, sofern Sie eine Brille benötigen, setzen Sie sie bitte auf. Sonst können Sie die Schrift auf den Dosen oder Tiefkühlgerichten NIE entziffern."

„Kevin, ich habe schon gehört, daß die Fertiggerichthersteller und die Optiker unter einer Decke stecken. Die Dosenaufschrift ist so eine Art Sehtest. Wenn die Leute merken, daß sie diese nicht mehr lesen können, gehen sie zum Optiker. Der Optiker fragt dann nach, bei welchem Dosengericht das dem Kunden auffiel und der Dosengerichthersteller erhält dann eine entsprechende Provision."

„Patrick, das wären ja schon Mafia-Methoden! Deshalb freue ich mich, unseren heutigen Studiogast begrüßen zu dürfen. Es handelt sich um Herrn Matthias Schlipf, dem Sprecher eines Fertiggerichtherstellers, dessen Arbeitgeber ungenannt bleiben möchte."

„Herr Schlipf, willkommen bei der beliebtesten Kochsendung im deutschen Fernsehen. Haben Sie etwas zu Ihrer Verteidigung zu sagen?"

„Zuerst einmal bedanke ich mich herzlich für die Einladung. Besonders freue ich mich darüber, daß ich Patrick kennenlernen darf. Patrick, ich bin sehr beeindruckt, mit welch einfachen Mitteln Sie den Zuschauerinnen und Zuschauern das Kochen schmackhaft machen!"

„Nun, die Zuschauerinnen und Zuschauer würden ja gerne alles selber zubereiten. Selbstgemachtes Brot ist ein Gedicht. Doch wer hat die Zeit und die Geräte, sein Brot selbst zu backen? Die meisten sind doch froh, wenn es ihnen gelingt, ein Sonntagsbrötchen aufzubacken, ohne daß es verkohlt."

„Patrick, damit liegen Sie genau richtig. Über uns, also die Hersteller von ‚Convenience Food', wird ja gerne hergezogen."

„Herr Schlipf, also jetzt muß ich mich mal entschieden einschalten und eine Lanze für unsere Zuschauerinnen und Zuschauer brechen. Keine Brille aufzusetzen, das ist das eine, aber den Ausdruck ‚Convenience Food' zu verstehen, das ist etwas ganz anderes. Brauchen die Lebensmittelverbraucher neuerdings ein Englischstudium, um zu etwas Eßbarem zu kommen?"

„Kevin, nein, natürlich nicht. Sie dürfen übrigens Matthias zu mir sagen. Sie natürlich ebenso, Patrick. Also, ich will den Ausdruck ‚Convenience Food' gerne erklären. Dabei handelt es sich um Essen, das problemlos in kurzer Zeit zubereitet werden kann. ‚Convenient' heißt schlichtweg: bequem oder einfach. Für die jüngeren Zuschauerinnen und Zuschauer hieße das so etwas wie ‚paßt schon'. Also, Backofen vorheizen, Pizza rein, zwanzig Minuten warten. Fertig!"

„Matthias, so einfach ist das nun auch nicht. Als ich meine erste Tiefkühlpizza kaufte, war ich noch ziemlich unbedarft. Das Angebot war dermaßen groß, ich wußte nicht einmal, welche ich denn wählen sollte."

„Nun, Kevin, das ist ziemlich einfach. Mit einem Produkt aus unserem Haus können Sie praktisch nie falsch liegen."

„Matthias, dies ist keine Werbesendung. Wenn Sie in dieser Sendung Werbung machen wollen, gerne. Allerdings geht das nur in der Werbepause. Regie, schickt dem Arbeitgeber von Matthias mal eine saftige Rechnung! Also wirklich! Wo kommen wir denn da hin! Schleichwerbung geht nur über meine Leiche! Also, zufälligerweise kaufte ich damals eine Tiefkühlpizza aus Ihrem Hause, Matthias. Für so eine läppische Pizza legte ich 4,59 Euro hin."

„Nun, Kevin, Qualität hat ihren Preis. Unsere ganzen Marktstudien besagen, daß die Konsumenten keine Lust haben, 5,50 Euro für eine Pizza Margerita hinzulegen und eine halbe Stunde auf den Pizza-Service zu warten."

„Patrick, jetzt sag Du mal was! Wie teuer kommt so eine Pizza, wenn man die selbst herstellt?"

„Nun, Kevin, mit 2,58 Euro ist man da schon dabei. Allerdings muß man einen Hefeteig zubereiten, womit die meisten schon überfordert sind. Auf keinen Fall darf da Zucker rein!"

„Patrick, das war jetzt wieder ein super Hinweis für unsere Zuschauerinnen und Zuschauer! Wenn ich darüber nachdenke, klar, ist alles logisch. Es geht ja nicht ums Kuchenbacken sondern ums Pizzabacken."

„Du sagst es, Kevin. Außerdem muß ich jetzt an dieser Stelle ausdrücklich vor Analogkäse warnen!"

„Analogkäse? Matthias, was ist das denn?"

„Keine Ahnung. Bei uns wird sowas nicht verwendet."

„Da werden unsere Zuschauerinnen und Zuschauer beruhigt sein. Aber noch einmal zurück zu meiner ersten Tiefkühlpizza. Aber nein, ich sehe gerade, wir haben unsere Zuschauerin Regina Menzel aus Karlsruhe in der Leitung. Frau Menzel, Sie sind live dabei, stellen Sie einfach Ihre Frage."

„Hallo Kevin. Erst einmal herzlichen Dank an Euer Team. Ich bin Zuschauerin der ersten Stunde und habe bislang keine Sendung verpaßt!"

„Frau Menzel, das ehrt uns. Welche Frage haben Sie und an wen wollen Sie Ihre Frage richten?"

„Ich habe eine Frage an den Schlipsträger. Wie viele Kalorien hat denn so eine Pizza? Meine Hausärztin meint, ich solle ein bißle abnehmen. Darf ich so eine Pizza überhaupt essen?"

„Frau Menzel, vielen Dank für diese Frage. Es wird ja immer behauptet, Fertiggerichte seien ungesund und Pizza habe zigtausend Kalorien. Das ist natürlich völliger Unsinn!"

„Matthias, so leicht kommen Sie aus der Nummer auch nicht raus. Dank meines Elektronenmikroskops kann ich auf der Verpackung der Pizza Margherita aus Ihrem Hause mühsam entziffern, daß so eine Pizza 2000 Kalorien hat. Das ist ja mal ein Pfund!"

„Kevin, damit haben Sie recht. Nur, wer hat behauptet, daß so eine Pizza für eine Person gedacht ist? Wenn Sie Ihr Elektronenmikroskop ganz scharf stellen, also bis in den Ångström-Bereich, werden Sie erkennen, daß eine Pizza für 16 Personen gedacht ist."

„Das ist jetzt nicht Ihr Ernst, Matthias, oder? Eine halbe Pizzaschnitte für jeden?"

„Was dachten Sie denn? Alles andere wäre ja gesundheitlich bedenklich."

„Nun ja, wenn die Leute in die Pizzeria gehen, bestellen sie in der Regel ja auch *eine* Pizza. Also eine ganze Pizza."

„Das ist das Geschäftsmodell der Pizzabäcker. Damit haben wir rein gar nichts zu tun."

„Sie wollen behaupten, daß Ihre Pizza aus der Tiefkühltruhe gesünder ist als die aus der Pizzeria?"

„Auf jeden Fall! Unsere Pizza können Sie nach Gusto portionieren. Alle unsere Pizza-Produkte sind in genau 16 Stücke unterteilt."

„Seit wann das denn?"

„Kevin, damit beginnen wir am 4. Oktober. Wir wollen die Verbraucher keinesfalls schädigen, wir wollen ihnen helfen. Wer eine ganze Pizza vertilgt, darf die nächsten drei bis vier Tage gar nichts mehr essen. Das ist doch gierig und ungesund."

„Matthias, die Frage von Frau Menzel ist nun hinreichend beantwortet. Besten Dank dafür. Einfach ein bißchen weniger essen – FDH sozusagen. Für unsere jüngeren Zuschauerinnen und Zuschauer –, das heißt ‚Friß die Hälfte'. Alles klar soweit."

„Patrick, wir verquasseln uns hier wieder einmal ohne Ende. Die ersten Zuschauerinnen und Zuschauer rufen schon an und wollen berechtigterweise wissen, was es in dieser Sendung zum Essen gibt!"

„Kevin, entschuldigen Sie, wenn ich mich einschalte. Wir haben gerade ein altes Gericht neu aufgewärmt. Es handelt sich um Gabelspaghetti mit Tomatensauce und Hackfleischbällchen aus der Dose. In den Siebzigerjahren war das der große Renner. Es handelt sich um ein Retroprodukt."

„Matthias, wir sprechen hier von einer Premiere, kann man das so sagen?"

„In der Tat!"

„Liebe Zuschauerinnen und Zuschauer, Sie werden nun Zeuge, wie ein Produkt aus dem 20. Jahrhundert im 21. Jahrhundert wieder entsteht!

Das ist der helle Wahnsinn! Ich bin auch schon ganz aufgeregt. Patrick, was passiert jetzt?"

„Ich habe schon einmal einen Topf auf Stufe 2 leicht erwärmt. Nun öffne ich die Dose mit den Gabelspaghetti in Tomatensauce mit den Hackfleischbällchen. Ein wahnsinniger Geruch entströmt. So muß sich der Hund meiner Schwester Penelope fühlen, wenn sie die Chappi-Dose aufmacht!"

„Ach, gleich so lecker?"

„Richtig, Kevin. Das kann ich nur bestätigen. Nun kippe ich den Doseninhalt in den Topf, rühre alles mit einem Holzlöffel um und erhöhe die Temperatur des Herdes auf 5."

„Patrick, weswegen ist der Holzlöffel so wichtig?"

„Na ja, man könnte auch einen anderen Löffel verwenden."

„Für solche Hinweise sind unsere Zuschauerinnen und Zuschauer äußerst dankbar. Nicht jeder hat einen Holzlöffel parat. Es ginge also auch ein Suppenlöffel oder ähnliches?"

„Exakt. Der Doseninhalt soll nicht anbrennen. Außerdem soll eine gleichwertige Hitze erzeugt werden. Wenn der Doseninhalt unten heiß ist und oben kalt, bringt das ja auch nichts."

„Matthias, haben Sie dem etwas hinzuzufügen?"

„Nein, Kevin. Patrick macht das perfekt. Respekt."

„Ich sehe auf die Zeit. Es wird wieder einmal eng. Patrick, wie weit bist Du?"

„Fertig! Es kann serviert werden!"

„Also Patrick, das schmeckt jetzt ein bißchen fad!"

„Kevin, entschuldigen Sie, wenn ich mich jetzt einschalte. Die EU-Normen sind enorm. Wir dürfen kaum Salz verwenden, weil das die Gesundheit schädigt. Nur: Auf salzlos, zuckerlos, fettlos folgt auch geschmacklos."

„Matthias, da sagen Sie etwas Richtiges. Was sollen wir nun tun, um das Gericht geschmackstechnisch zu retten?"

„Patrick, kippe alles noch einmal in den Topf. Füge Salz, Pfeffer, Creme-Fraîche, etwas Tomatenmark und auf alle Fälle Maggi hinzu. Noch einmal alles umrühren und dann versuchen wir das Ganze noch einmal!"

„Matthias, das ist ja ein Unterschied wie Tag und Nacht! Wann genau können unsere Zuschauerinnen und Zuschauer dieses Gericht käuflich erwerben?"

„Ab dem 4. Oktober."

„Das ist mal eine klare Aussage! Liebe Zuschauerinnen und Zuschauer, seien Sie wieder dabei, wenn es heißt ‚Kochen – leicht gemacht, dann unter dem Motto ‚Kochen – mit Salz geht alles besser!'" <<

KOCHEN – WIRKLICH LEICHT GEMACHT KLAPPE/IX

>> Liebe Zuschauerinnen und Zuschauer! Ich begrüße Sie auch heute wieder recht herzlich zu unserer neunten Sendung ‚Kochen – wirklich leicht gemacht'.

„Patrick, in unserer letzten Sendung war Matthias zu Gast, der versucht hat, uns Fertiggerichte schmackhaft zu machen. Jetzt lasse noch einmal diese Gabelspaghetti mit Tomatensauce und Hackfleischbällchen aus der Dose Revue passieren. Also nur mal so geschmackstechnisch."

„Nun, Kevin, nachdem wir das Dosengericht mit Salz, Pfeffer, Creme Fraîche, etwas Tomatenmark und Maggi aufgepeppt hatten, war es nicht ganz schlecht."

„Patrick, das sahen unsere Zuschauerinnen und Zuschauer ganz anders. Die 40 Millionen, die das neue Fertiggericht ausprobierten, fanden es ehrlich gesagt zum Kotzen."

„Warum sagst Du mir das? Sage das doch diesem dubiosen Matthias!"

„Unsere Redaktion hat nichts unversucht gelassen, um Matthias wieder in unsere Sendung einzuladen. Matthias war leider terminlich verhindert."

„Das wundert mich nicht, Kevin. Ich war ja schon überrascht, daß Matthias überhaupt eine Dose öffnen konnte. Über den Inhalt will ich lieber schweigen."

„Deshalb wird es Dich freuen, wenn ich nun verkünden darf: Der renommierte Ernährungsexperte Rudi Kalbsfuß ist unser heutiger Gast! Herr Kalbsfuß, was sagen Sie zu Fertiggerichten?"

„Bäh!!!"

„Das ist ja mal eine klare Aussage. Unsere Zuschauerinnen und Zuschauer sollten also das ganze Dosenfutter samt Tiefkühlkost in den Müll werfen?"

„Genau."

„Patrick, was sagst Du dazu?"

„Nun, das muß man vielleicht etwas differenzierter betrachten. Wenn man zum Beispiel grüne Bohnen als Beilage zum Lammkotelett zubereiten möchte, greifen die meisten zur Dose."

„Herr Kalbsfuß, ist die Dose mit grünen Bohnen der Untergang des Abendlandes?"

„Gewiß."

„Patrick, jetzt verteidige mal das Dosengemüse."

„Warum denn ich? Wo ist denn dieser Matthias? Der war doch für dieses Dosenfutter! Ich sage ja nur, daß es ab und zu ganz nützlich ist, eine Dose mit zum Beispiel Erbsen und Karotten im Haus zu haben."

„Da widerspreche ich ganz entschieden!"

„Herr Kalbsfuß, es ist super, daß Sie sich nun auch aktiv an dieser Diskussion beteiligen. Was haben Sie gegen eine unschuldige Dose mit Erbsen und Karotten?"

„Nichts."

„Patrick, kannst Du der Argumentation von Herrn Kalbsfuß folgen?"

„Nein. Herr Kalbsfuß, was genau haben Sie nun gegen eine Dose mit Erbsen und Karotten?"

„Nichts."

„Sie meinen, daß die Bevölkerung durchaus Erbsen und Karotten aus der Dose essen darf?"

„Selbstverständlich."

„Herr Kalbsfuß, einmal sind Sie gegen Dosenessen und dann wieder dafür. Was denn nun?"

„Bleiben wir mal bei Gemüse aus der Dose. Ich bin dagegen, wenn es das Produkt gerade frisch gibt. Wenn dieses Produkt nicht frisch zur

Verfügung steht, ist das Gemüse aus der Dose natürlich ein adäquater Ersatz."

„Mit Verlaub, Sie reden Unsinn. Es gibt immer alles frisch."

„Gewiß. Doch zu welchem Preis? Natürlich werden im Dezember frische Erdbeeren angeboten, die aus Südafrika eingeflogen werden."

„Herr Kalbsfuß, jetzt lenken Sie nicht ab! Sie verwirren unsere Zuschauerinnen und Zuschauer. Es ging um Bohnen, Erbsen und Karotten aus der Dose. Jetzt wollen wir mal beim Thema bleiben!"

„Ich dachte, es ging um Dosenessen im Allgemeinen, also eher um Fertiggerichte."

„Patrick, jetzt sag Du mal was. Haben wir noch etwas von den Gabelspaghetti von letzter Woche übrig, die Herr Kalbsfuß goutieren könnte?"

„Spinnst Du, Kevin! Wir haben die Reste weggeworfen. Das Zeug war ja ungenießbar!"

„Ach, ich dachte immer, so ein Dosenfraß ist unbegrenzt haltbar!"

„Sagen wir mal so: Auch auf Dosen steht ein Haltbarkeitsdatum."

„Patrick, das ist ein super Hinweis für unsere Zuschauerinnen und Zuschauer. Inspizieren Sie mal im Keller Ihre Dosenvorräte. Machen Sie das Licht an und setzen Sie Ihre Brille auf."

„Es empfiehlt sich, einen Edding-Stift mitzunehmen und das Haltbarkeitsdatum ganz GROSS auf den Dosen zu notieren."

„Liebe Zuschauerinnen und Zuschauer, ich muß wieder einmal erwähnen, wie dankbar ich bin, daß Patrick in dieser Sendung mit dabei ist. Da merkt man doch gleich, wenn man einen ausgebildeten Koch zur Seite hat. Sie erhalten von Patrick lauter praktische Ratschläge."

„Jetzt übertreibe nicht, Kevin. Ich habe erst mal das erste Lehrjahr hinter mir."

„Dafür kennst Du Dich schon prima aus. Was sagen Sie dazu, Herr Kalbsfuß?"

„Patrick hat auf jeden Fall Potential, keine Frage."

„Herr Kalbsfuß, Sie sind ja Experte. Nun will ich schon wissen, warum etwas in einer Dose jahrelang hält, und sobald man die Dose aufmacht, soll das nicht mehr gelten?"

„Sobald Sauerstoff ins Spiel kommt, beginnt leider der Zerfallsprozeß."

„Herr Kalbsfuß, so geht das aber nun doch nicht! Bleiben Sie einfach beim Thema und faseln Sie nicht von Sauerstoff. Dies ist eine Kochsendung!"

„Ich höre gerade von der Regie, daß wir einen Zuschauer in der Leitung haben. Herr Mark Thalheimer aus Siegen hat eine Frage. Herr Thalheimer, herzlich willkommen in unserer Sendung. Wie lautet Ihre Frage?"

„Ich habe gerade weisungsgemäß meinen Dosenvorrat gesichtet und alles ist sozusagen im grünen Bereich."

„Herzlichen Glückwunsch, Herr Thalheimer. Sie haben mit Ihrem Dosenvorrat also keinerlei Probleme. Das ist doch sehr erfreulich. Was ist nun Ihre Frage?"

„Der Ernährungsexperte soll mir mal sagen, was ich mit der Dose mache, deren Inhalt bis 2014 haltbar ist. Leider weiß ich nicht, was drin ist, weil das Etikett fehlt."

„Das ist eine knifflige Frage, Herr Thalheimer. Herr Kalbsfuß, was soll unser Zuschauer jetzt machen?"

„Momentan sehe ich da noch keinen Handlungsbedarf. Herr Thalheimer soll sich 2014 noch einmal melden."

„Herr Kalbsfuß, ich möchte es mal so ausdrücken: Ihre Antwort ist unbefriedigend. Herr Thalheimer, was sagen Sie zu dieser Antwort?"

„Ich gebe meine Frage an Patrick weiter."

„Das ist eine super Idee, Herr Thalheimer. Patrick, was machst Du mit einer Dose, deren Inhalt Du nicht kennst?"

„Herr Thalheimer könnte die Dose öffnen."

„Wahnsinn, Patrick. Genau! Herr Thalheimer, würden Sie die Dose öffnen und unseren Zuschauerinnen und Zuschauern dann mitteilen, was sich in dieser Dose befindet? Meine Damen und Herren, das ist ja spannender als ein Krimi!"

„Ich traue mich nicht."

„Dann machen wir es doch so, Herr Thalheimer, Sie kommen in unsere zehnte Sendung und bringen die Dose einfach mit! Wir werden dann gemeinsam live die Dose öffnen und Patrick wird etwas Leckeres zubereiten."

„Kevin, das kannst Du doch nicht so ankündigen! Was machen wir, wenn in der Dose Fertiggulasch ist? Daraus kann niemand etwas Leckeres zubereiten."

„Wenn ich mich da noch einmal einschalten darf. Fertiggulasch würde ich nicht einmal meinem Hund füttern."

„Herr Kalbsfuß, bei Tierfutter gelten ja auch ganz andere Bestimmungen."

„Das ist es ja! Das ist empörend und ..."

„Entschuldigung, Herr Kalbsfuß, unsere Sendezeit schreitet voran, und ich frage mich wieder einmal, was es denn zum Essen gibt. – Patrick, walte Deines Amtes!"

„Der werte Herr Ernährungsexperte soll mir doch mal einen Tip geben."

„Ja, Herr Kalbsfuß, jetzt sind Sie gefragt! So geht es schließlich Millionen von Zuschauerinnen. Es ist 12 Uhr mittags. Die Kinder kommen um 12.15 Uhr hungrig aus der Schule, und es ist noch nichts gekocht."

„Patrick, setzen Sie mal schnell einen Topf mit Wasser auf und nun aber Volldampf! Wenn das Wasser kocht, geben Sie etwas Salz hinzu."

„Kann ich nicht gleich das Salz hinzugeben?"

„Nein, dann dauert es länger, bis das Wasser kocht."

„Liebe Zuschauerinnen und Zuschauer, hier können Sie noch etwas lernen!"

„Dann nehmen Sie die Barilla-Nudeln mit einer Kochzeit von acht Minuten und geben Sie ins kochende Salzwasser."

„Und wo bekomme ich die jetzt her, Herr Kalbsfuß?"

„Zufällig habe ich eine Packung dabei."

„Wenigstens ein Gast, der sich auf unsere Sendung vorbereitet!"

„Und was mache ich jetzt?"

„Sie nehmen die Fertigsauce eines Metzgers Ihres Vertrauens und mischen sie unter die Nudeln."

„Herr Kalbsfuß, wenn Sie die Sendung nicht für Ihre billige Propaganda genutzt hätten, wäre ich mit der selbstgemachten Sauce schon längst fertig!"

„Patrick, jetzt behalten Sie mal die Nerven. Nehmen Sie diese leckere dunkle Fleischsauce vom Metzger meines Vertrauens. Nudeln abgießen, zurück in den Topf, Sauce drüber, kurz erwärmen, fertig!"

„Wieder hat es Patrick geschafft! Ein leckeres Gericht ist entstanden. Laß mich mal probieren, Patrick. Herr Kalbsfuß, Sie natürlich auch."

„Irgendetwas fehlt da noch, Patrick. Als Ernährungsexperte muß ich sagen, dem Gericht geht noch etwas ab."

„Genau, Herr Kalbsfuß. Butter!"

„Patrick, Sie haben recht. Jetzt schmeckt es wirklich hervorragend."

„Liebe Zuschauerinnen und Zuschauer, seien Sie nächste Woche wieder dabei, wenn es heißt ‚Kochen – leicht gemacht', dann unter dem Motto ‚Kochen mit gesunden Lebensmitteln aus der Dose'." <<

KOCHEN – WIRKLICH LEICHT GEMACHT   KLAPPE/X

>> Liebe Zuschauerinnen und Zuschauer! Ich begrüße Sie recht herzlich zu unserer zehnten Sendung ‚Kochen – wirklich leicht gemacht'.

„Patrick, in unserer letzten Sendung war Rudi Kalbsfuß zu Gast, der berühmte Ernährungsexperte. Hast Du aus der letzten Sendung etwas mitgenommen?"

„Sicher, Kevin. Auch Ernährungsexperten kochen nur mit Wasser."

„Das hast Du schön gesagt, Patrick. Unsere Zuschauerinnen und Zuschauer waren ziemlich irritiert. Zuerst ging es um frische Produkte, und dann um Dosenfutter. Da blickt doch niemand mehr durch!"

„Na ja, Kevin, wir hätten natürlich auch selbstgemachte Nudeln zubereiten können und eine selbstgemachte Sauce. Leider reichte unsere Sendezeit wieder einmal nicht aus."

„Patrick, da habe ich eine gute Nachricht. Unsere Sendung ‚Kochen – wirklich leicht gemacht' schlägt alle Erwartungen des Senders. Wir haben heute fünf Minuten mehr Sendezeit."

„Das ändert natürlich alles, Kevin. Wenn ich jetzt schon mal anfangen darf, würde ich es heute einmal mit Wiener Schnitzel, Pommes und Salat versuchen."

„Das ist natürlich DER Renner schlechthin. Nach unseren Umfragen handelt es sich hierbei tatsächlich um eines der beliebtesten Gerichte der Deutschen. Allerdings ist der Sender entschieden gegen dieses Gericht."

„Warum das denn, Kevin?"

„Politisch ist das Gericht ziemlich heikel."

„Das verstehe ich jetzt nicht. Was ist denn an Wiener Schnitzel heikel?"

„Wien ist die Hauptstadt von Österreich."

„Na und?"

„Aus Österreich stammt wer?"

„Schwarzenegger."

„Patrick, Du bist noch jung. Wir wollen hier auch keinen Geschichtsunterricht abhalten. Dafür sind andere zuständig. Nimm es einfach hin. Wiener Schnitzel geht gar nicht. Currywurst, das wäre doch auch eine Idee, oder?"

„Sicher, Kevin. Nur befände ich mich damit mitten im Currywurststreit."

„Was denn für ein Currywurststreit?"

„Die Berliner und Hamburger streiten sich darum, wer denn nun zuerst die Currywurst erfunden hat."

„Patrick, ein Berliner ist ein Fastnachtsgebäck, und ein Hamburger ist dieses Zeugs von McDonalds."

„Kevin, was ist denn bitteschön Fastnacht, und wie kommst Du auf McDonalds?"

„Entschuldige, Patrick. Ich meine den Karneval. Und Hamburger gibt es natürlich auch bei Burger King. Wir wollen hier ja keine Schleichwerbung machen."

„Kevin, was soll ich denn nun heute kochen? Kannst Du Dich mal klar ausdrücken?"

„Nun, Patrick, wir werden das kochen, was sich in Herrn Thalheimers geheimnisvoller Dose befindet. Herr Thalheimer, ich begrüße Sie recht herzlich in unserer Sendung und freue mich, daß Sie den Mut hatten, mitzumachen."

„Kevin, Patrick, ich bedanke mich für die Einladung. Das ganze Team ist so nett. Ich fühle mich schon fast heimisch. Vom Kochen habe ich ja nicht so viel Ahnung wie Sie, Patrick. Manchmal greife ich auf Dosen zurück. Was soll man auch kochen, wenn man alleine ist? Frisch kochen lohnt den Aufwand nicht."

„Mark, ich schlage erst einmal vor, daß wir uns hier alle duzen. Ich bin Kevin und das ist Patrick."

„Das Angebot nehme ich gerne an. Es ist mir eine Ehre, hier zu sein."

„Mark, wo ist denn nun diese Dose ohne Etikett?"

„Hier, Kevin. Also, ich habe die Dose noch einmal ganz genau mit meiner Lupe betrachtet. Da steht lediglich MHD 4/14 drauf. Das war es auch schon."

„Patrick, was bedeutet denn MHD?"

„Mindesthaltbarkeitsdatum."

„Darauf muß man erst einmal kommen. Liebe Zuschauerinnen und Zuschauer, damit sind wir schon einmal einen riesigen Schritt weiter. Der Inhalt der geheimnisvollen Dose ist also bis zum April 2014 haltbar. So lange wollen wir nicht warten. Gleich werden wir die Dose öffnen."

„Kevin, was meinst Du, was in der Dose ist?"

„Keine Ahnung, Patrick. Was meinst Du, Mark?"

„Wir könnten ja die Dose vorsichtig schütteln. Wenn es gluckert, könnte es sich um eine Suppe handeln."

„Nun, das muß nicht so sein, Mark. Es gibt auch Suppen in der Dose, da gluckert gar nichts. Die sind ziemlich fest und können nur mit Mühe aus der Dose in den Topf befördert werden."

„Ich weiß genau, was Du meinst, Patrick. Da kratzt man den Inhalt aus der Dose, erwischt nicht alles, spült die Dose mit Wasser aus, um noch an die Reste zu kommen, kippt das zur Suppe in den Topf, und schon ist der Geschmack verdorben."

„Mark, ich sehe schon, Du bist ein Experte. Hast Du einen Tip für unsere Zuschauerinnen und Zuschauer, wie das Gericht trotzdem noch zu retten ist?"

„Aber sicher. Egal, was auf der Dose steht, man köchelt den Inhalt ganz langsam. Auf Stufe eins. Das verlängert die Kochzeit und das überflüssige Wasser verkocht."

„Patrick, das ist mal ein veritabler Kochtip, oder?"

„Mark, Du hast zweifelsohne viel Erfahrung mit Dosengerichten. Respekt. Was vermutest Du in dieser Dose?"

„Patrick, ich habe gegrübelt und gegrübelt. Jede Nacht wache ich auf und frage mich: ‚Wo und wann habe ich diese vermaledeite Dose gekauft?'. Mir fällt es nicht ein! Das macht mich wahnsinnig!"

„Mark, jetzt bleib mal ganz ruhig. Wir sind ja bei Dir. Kevin, wir stehen Mark bei."

„Keine Frage, Patrick. Bevor dieses historische Ereignis stattfindet, lassen wir noch unsere Zuschauerin Margarete Wingert zu Wort kommen. Frau Wingert, Sie rufen aus Mainz an und haben eine Frage, bevor wir sozusagen die Büchse der Pandora öffnen. Das war jetzt nur ein kleiner Scherz, liebe Zuschauerinnen und Zuschauer! Frau Wingert, Ihre Frage bitte."

„Ich habe noch eine Frage zur letzten Sendung. Wo bekomme ich denn diese Fertigsauce? Mein Metzger behauptete, so etwas führe er nicht. Er wollte mir Fleischknochen verkaufen. Was soll ich denn damit anfangen?"

„Liebe Frau Wingert, Sie sollten den Metzger wechseln. Jeder Metzger, der im Geschäft bleiben will, bietet doch LKW und Kartoffelsalat an. Auch eine fertige Kartoffelsalatsauce gehört ins Angebot. Eine fertige Fleischsauce darf nicht fehlen. Ihr Metzger hat offensichtlich die Zeichen der Zeit nicht erkannt."

„Entschuldigen Sie, Patrick, seit wann verkauft ein Metzger denn Lastkraftwagen?"

„Sie dürfen mich gerne duzen. Ein LKW ist ein Leberkäswecken."

„Alles klar. Davon habe ich schon gehört. Ich habe Verwandtschaft im Schwabenländle."

„Bevor hier wieder die Leitungen heiß laufen: Leberkäswecken sind KEIN kulinarisches Highlight."

„Schön, daß Du das sagst, Patrick. Nun will ich wissen, was in Marks Dose drin ist."

„Wollen wir das nicht alle? Kevin, jetzt hol mal einen Dosenöffner. Die Spannung steigt ins Unermeßliche!"

„Patrick, für Dosenöffner bist ja wohl Du zuständig. Noch einmal: Ich moderiere hier nur. Du kochst!"

„Apropos kochen. Wieviel Zeit bleibt mir denn noch, um aus dem Inhalt aus Marks geheimnisvoller Dose ein Gericht zu zaubern?"

„Heute hast Du noch zwanzig Minuten, Patrick."

„In der Dose könnte ja auch Sauerkraut sein. Da wären die zwanzig Minuten ziemlich knapp. Nun, ich könnte einen Sauerkrautsalat anrichten ..."

„Patrick, ich wußte, Dir würde etwas einfallen! Liebe Zuschauerinnen und Zuschauer, beim Kochen ist Kreativität gefragt, und wenn Sie über keine Kreativität verfügen, schalten Sie einfach ein, wenn es wieder heißt ‚Kochen für Anfänger!'"

„Äh, Kevin, wir sind noch nicht am Ende der Sendung."

„Das flüstert mir die Regie auch gerade zu. Entschuldigung. An die Verlängerung der Sendezeit muß ich mich erst gewöhnen."

„Mark, wir wenden uns jetzt noch einmal Deiner Dose zu. Darf ich die Dose mal anfassen?"

„Aber sicher doch, Patrick."

„Rein äußerlich unterscheidet sich die Dose gar nicht von jeder anderen x-beliebigen Dose. Darf ich Deine Dose kurz anheben? Das Gewicht von Suppe oder eben komprimiertem Kraut könnte einen Hinweis auf den Doseninhalt geben."

„Nur zu, Patrick."

„Patrick, also, das ist eine super Idee. Du willst anhand des Gewichtes auf den Inhalt schließen?"

„Du sagst es, Kevin."

„Wenn Dir das gelingt, kannst Du bei ‚Wetten, daß ...' mitmachen."

„Jetzt halt einfach mal die Klappe, Kevin. Ich bin ja derjenige, der aus dem Doseninhalt etwas Leckeres kochen soll."

„Genau. Du hast jetzt übrigens noch 15 Minuten Zeit."

„Mark, also mal ehrlich, diese Dose ist ziemlich leicht."

„Du sagst es, Patrick. Da kann fast nichts drin sein. Vielleicht eine eingelegte Artischocke?"

„Möglich ist das. Nun gehen wir ans Eingemachte. Wir öffnen die Dose!"

„Liebe Zuschauerinnen und Zuschauer, halten Sie sich fest! Das Geheimnis wird gelüftet!"

„Äh, Mark, in der Dose ist ja gar nix drin!!! Nur ein Zettel."

„Patrick, das ist jetzt für uns alle ein Schock! Was steht denn auf dem Zettel drauf?"

„Original Berliner Luft. Achtung! Nur begrenzt haltbar!"

„Also, 2014 erscheint mir nun etwas übertrieben. Was meinst Du Mark?"

„Da hast Du recht, Kevin."

„Liebe Zuschauerinnen und Zuschauer, unsere Sendezeit ist leider zu Ende. Ja, ich habe zur Kenntnis genommen, daß es in dieser Sendung rein gar nichts zum Essen gab. Rufen Sie nicht an und senden Sie keine E-Mails. Von nichts kommt nichts. In diesem Sinne: Bleiben Sie uns gewogen, wenn es beim nächsten Mal wieder heißt ‚Kochen – wirklich leicht gemacht', dann unter dem Motto ‚ Kochen für Laien!'" <<

KOCHEN – WIRKLICH LEICHT GEMACHT   **KLAPPE/XI**

>> Liebe Zuschauerinnen und Zuschauer! Ich begrüße Sie recht herzlich zu unserer elften Sendung ‚Kochen – wirklich leicht gemacht'.

„Patrick, in unserer letzten Sendung haben wir uns mit Lebensmitteldosen beschäftigt. Wir erhielten wieder wahnsinnig viele Zuschriften. Die meisten Zuschauerinnen und Zuschauer waren strikt gegen Dosenfutter."

„Kevin, das mag ja sein. Leider sprechen die Supermärkte eine ganz andere Sprache."

„Was meinst Du denn damit?"

„Nun, in den Supermärkten gibt es viele Regalreihen nur mit Dosenfutter."

„Das stimmt, Patrick. Mir ist das auch schon aufgefallen. Woran liegt das Deiner Meinung nach?"

„Offensichtlich liegt das daran, daß Dosenfutter wie blöd gekauft wird!"

„Patrick, das kann nicht sein. Unsere Zuschauerinnen und Zuschauer verachten Dosenfutter geradezu. Deshalb war die meist geäußerte Bitte, Du sollst doch mal in der Sendung zeigen, wie Essen vorbereitet wird."

„Das verstehe ich jetzt nicht. In unserer Kochsendung wird definitiv nichts vorbereitet."

„Sicher, Patrick. Die Zuschauerinnen und Zuschauer möchten wissen, was denn in den anderen Kochsendungen gemeint ist, wenn es heißt: Das haben wir schon einmal vorbereitet!"

„Also Kevin, das geht wohl zu weit. Wir sollen jetzt andere Kochsendungen erklären?"

„Warum nicht? Offensichtlich gibt es eine Wissenslücke, die nur wir füllen können."

„Im Wesentlichen geht es darum, Gemüse oder Obst zu schneiden."

„Regie: mal eine Zwiebel schneiden, mag ja noch angehen ... Sind wir versichert, falls Patrick sich beim Schneiden mehrerer Gemüse- und Obstsorten verletzt? Wir sind. Dann ist ja alles in Butter!

Patrick, ich höre gerade, wir sind versichert, solltest Du Dich bei diesem gefährlichen Vorhaben verletzen. Außerdem habe ich hier Pflaster in verschiedenen Größen parat."

„Kevin, jetzt übertreibe mal nicht. Ich bin Koch!"

„Noch nicht, Patrick. Du bist angehender Koch im zweiten Lehrjahr."

„Im ersten Lehrjahr lernt der angehende Koch erst einmal, wie geschnitten wird."

„Ich wußte es, wir haben einen Experten in der Sendung, liebe Zuschauerinnen und Zuschauer. Machen Sie sich auf etwas gefaßt, wenn Patrick nun loslegt. Wir haben vorsichtshalber eine Slow-Motion-Kamera im Studio, damit Ihnen nichts entgeht."

„Jetzt übertreibe mal nicht, Kevin. Ich werde natürlich erst einmal langsam anfangen, damit die Zuschauerinnen und Zuschauer alles genau mitbekommen."

„Patrick, das ist super. Ich sehe schon, Du beginnst, den Sinn und Zweck unserer Kochsendung zu verinnerlichen."

„Was für Messer stehen denn zur Verfügung und was soll ich denn schneiden, Kevin?"

„Wir haben hier AOKI Hamono, Masami AZAI, BLAZEN by Takamura, GLESTAIN, NAKAYA HEIJI, HINOURA, ITOU, NENOHI/NENOX, SHIGEFUSA, SUISIN, TAKAMURA und YOSHIKANE."

„Was soll das geben? Einen Japanisch-Kurs?"

„Nein, Patrick, das sind Namen von Markenmessern."

„Kenne ich nicht. Gibt es auch deutsche Messer? Mit Japanisch habe ich es nicht so."

„Regie: Ich habe Euch gleich gesagt, daß das keine gute Idee ist, hier mit japanischen Messern aufzuwarten. Wer hat denn schon sowas? – Ach, Ihr habt sowas! Hoffnungslos überbezahlt! Ich wußte es! So, Ihr habt auch noch andere Messer parat. Dann ist es ja gut.

Patrick, Du sollst Dich ja nicht mit den Messern unterhalten, Du sollst mit den Messern schneiden. Doch die Regie hat auch deutsche Messer parat. Wir haben Messer von DICK, Wüsthof, Windmühle, Wenger, Zwilling ..."

„Kevin, jetzt reicht es aber! Gib mir einfach ein Küchenmesser und ein Küchenbrett."

„So einfach ist das eben nicht, Patrick. Gerade beim Thema Küchenbrett gehen die Meinungen auseinander. Manche schwören auf das gute alte Holzbrett, andere schwören auf nicht-toxisches, nieder-dichtes Polyethylen. Der neueste Schrei sind Küchenbretter aus Bambus."

„Äh, was ist denn nicht-toxisches niederdichtes Polyethylen? Können Küchenbretter auch toxisch sein?"

„Möglicherweise schon. So hat es zumindest den Anschein."

„Das wäre ein Skandal, Kevin. Jemand schneidet unschuldig eine gesunde Tomate auf einem toxischen Küchenbrett und schwups, schon ist die Tomate vergiftet."

„Also von so einem Vorfall habe ich noch nie gehört, Patrick. Ist Dir so ein Vorfall bekannt?"

„Nicht direkt. Ein Schulkollege von mir hat einmal rohe, grüne Bohnen auf einem Kunststoffbrett geschnitten und gegessen. Ihm ging es anschließend nicht so gut."

„Patrick, mit so etwas kenne ich mich nicht aus. Lag das nun am Kunststoffbrett oder an den rohen grünen Bohnen?"

„Keine Ahnung. Der Fall wurde nie aufgeklärt. Ich jedenfalls verwende seitdem nur Küchenbretter aus Holz und kaufe grüne Bohnen in der Dose."

„Patrick, jetzt kommt unsere Zuschauerfrage von Regine Kircher aus Hilden. Frau Kircher, welche Frage haben Sie an Patrick?"

„Patrick, ich bin ein großer Fan Ihrer Sendung. Ich lasse keine Folge aus. Was ist denn Ihr Lieblingsgericht?"

„Ich grüße Sie, Frau Kircher. Zuerst einmal muß ich richtigstellen, daß das nicht meine Sendung ist, sondern eher die von Kevin, wie er ja nicht müde wird, mir klarzumachen."

„Na, na, Patrick, ohne Dich wäre die Sendung doch gar nicht möglich! Kochen ist eher nicht mein Metier."

„Was ißt Du denn so, Kevin?"

„Mal dies, mal das. Patrick, ich muß wieder einmal darauf hinweisen, daß die Sendezeit begrenzt ist. Dir bleiben noch zehn Minuten, um etwas Leckeres zu kochen."

„Wie? Ich soll kochen? Ich dachte, ich solle schneiden."

„Natürlich sollst Du kochen. So steht es in Deinem Vertrag!"

„Jetzt lenke mal nicht ab, Kevin. Ich schnipsele, und Du erzählst Frau Kircher jetzt, was Du am liebsten ißt."

"Das wollte Frau Kircher doch gar nicht wissen. Frau Kircher hat Dich gefragt, was Dein Lieblingsgericht ist."

„Ich kann nicht quasseln und schnipseln. Dazu fehlt mir die Routine."

„Liebe Zuschauerinnen und Zuschauer, bitte bedenken Sie, Patrick ist erst im zweiten Lehrjahr. Dafür macht er seine Sache super! Was genau schnipselst Du jetzt, Patrick?"

„Bisher habe ich weder ein Küchenbrett noch ein Küchenmesser noch etwas zum Schnipseln."

„Regie: Da hat Patrick natürlich völlig recht. Was soll denn in dieser Sendung geschnipselt werden? Ihr habt Euch nur um die Küchenmesser und Küchenbretter gekümmert? Supi! Aber Euch ist schon bewußt, daß das hier eine Kochsendung ist und keine Werbeveranstaltung von WMF & Co.? Ihr habt eine Salatgurke? Na, das ist doch prima!

„Patrick, nimm einfach irgendein Küchenbrett aus dem Küchenschrank hinter Dir und wähle irgendein Küchenmesser aus der Schublade vor Dir. Jetzt kommt auch schon die Regieassistentin mit der Salatgurke, die geschnipselt werden soll. Offensichtlich schwebt der Regie so etwas wie ein Gurkensalat vor. Zu mehr wird es auch zeitlich nicht mehr reichen. Wir haben noch fünf Minuten!"

„Kevin, eine Salatgurke wird nicht geschnipselt. Sie wird gehobelt."

„Liebe Zuschauerinnen und Zuschauer, hier können Sie etwas lernen! Salatgurken werden gehobelt. Das ist sensationell!"

„Jetzt krieg Dich mal wieder ein, Kevin. Man könnte Salatgurken auch schneiden. Nur schmeckt das nicht so fein."

„In unserer Sendung ‚Kochen – wirklich leicht gemacht' geht es nur um feines Essen, um was sonst?"

„Jetzt brauche ich noch einen Gurkenhobel, Kevin."

„Regie: Haben wir einen Gurkenhobel und wenn ja, wo?

Patrick, der Gurkenhobel steht vor Dir auf der Arbeitsplatte. Was machst Du nun?"

„Ich hobele die Salatgurke."

„Mit der Schale? Ist das nicht gesundheitlich bedenklich?"

„Kevin, Du mußt den Gurkensalat ja nicht essen. Zum Schälen bleibt keine Zeit."

„Das ist wahr. Die Zeit läuft ... Ach, ist das wieder spannend! Patrick, die Salatgurke ist nun gehobelt. Wie entsteht in der verbleibenden Sendezeit von 60 Sekunden daraus noch ein leckerer Salat?"

„Man nehme eine Salatschüssel, man kippe eine Packung Knorr-Salatkrönung ‚Würzige Gartenkräuter' hinein, füge einen Eßlöffel Wasser und drei Eßlöffel Öl hinzu, verrühre alles und gebe die gehobelte Salatgurke hinzu. Wir verfeinern noch mit drei bis fünf Spritzer Maggi-Würze und einer Messerspitze Senf. Alles verrühren. Fertig!"

„Laß mal probieren, Patrick. Perfekt! Kaum zu glauben. Liebe Zuschauerinnen und Zuschauer, es ist möglich, in zwei Minuten einen leckeren Salat zuzubereiten! Während ich noch um Fassung ringe, muß ich

mich von Ihnen, liebe Zuschauerinnen und Zuschauer schnell verabschie-
den. Schalten Sie wieder ein, wenn es heißt ‚Kochen – wirklich leicht gemacht, dann unter dem Motto ‚Kochen – mit frischen Zutaten'" <<

KOCHEN – WIRKLICH LEICHT GEMACHT   KLAPPE/XII

>> Liebe Zuschauerinnen und Zuschauer! Ich begrüße Sie recht herzlich
zu unserer zwölften Sendung ‚Kochen – wirklich leicht gemacht'.

„Patrick, in unserer letzten Sendung hast Du einen wirklich klasse
Gurkensalat zubereitet. Ein Zuschauer hat die Zeit gestoppt. Nach 105
Sekunden war der Salat fertig. Das ist der helle Wahnsinn!"

„Na ja, Kevin, ich hätte gerne mal etwas Richtiges in unserer Sendung
gekocht."

„Patrick, unsere Zuschauerinnen und Zuschauer waren begeistert! Salat soll ja wirklich gesund sein."

„Salat wird etwas überschätzt. Im Grunde genommen handelt es sich
um irgendwelches Grünzeug, was man auch gerne seinem Hamster oder
Kaninchen vorsetzt."

„Wie kommst Du denn jetzt auf Hamster und Kaninchen?"

„Meine Schwester Caroline hatte einen Hamster und ein Kaninchen.
Wenn ich zu Hause einen Salat anrichten wollte, hatte Caroline meist
alles schon verfüttert."

„Patrick, das sind doch familiäre Befindlichkeiten, die unsere Zuschauerinnen und Zuschauer nun wirklich nicht interessieren. Unsere
Zuschauerinnen und Zuschauer wollten vor allem wissen, ob es möglich
ist, mit dieser Knorr-Salatkrönung auch andere Salate zuzubereiten."

„Aber selbstverständlich, Kevin. Das geht mit Tomaten, Blattsalaten,
Paprika, Bohnen, Karotten, Sellerie – kurzum, mit allem, was die Salattheke so hergibt."

„Ach, es gibt eine Salattheke? Wo findet man denn sowas? Alle wollen
sich gesund ernähren. Da wäre jetzt die Information hilfreich, wohin sich

die Zuschauerinnen und Zuschauer wenden können, um sich an so einer Salattheke zu bedienen."

„Kevin, das war jetzt vielleicht etwas mißverständlich ausgedrückt. Ich meinte die Obst- und Gemüseregale im Supermarkt."

„Patrick, jetzt bleib mal bei der Sache! Wir sprachen gerade von Salat! Unsere Zuschauerinnen und Zuschauer werden doch völlig irritiert!"

„Der Oberbegriff lautet Gemüse. Darunter fällt auch Salat."

„Das wird ja immer unübersichtlicher! Von Gemüse haben wir in unserer Sendung noch gar nicht gesprochen. Wir haben uns auf die Fahnen geschrieben, diese ganze Kocherei so einfach wie möglich zu beschreiben. Bevor uns wieder Tausende von E-Mails erreichen: Was ist denn der Unterschied zwischen Gemüse und Salat?"

„Kevin, Salat ist oft grün."

„Aha, Patrick, das ist hochinteressant. Da ist was dran. Doch was ist mit Tomaten?"

„Tomaten sind rot. Grüne Tomaten sollte man nicht essen. Die sind giftig."

„Wie kommst Du denn darauf? Ich habe den Film ‚Grüne Tomaten' zigmal gesehen. Ich wüßte nicht, daß es in dem Film zu Toten aufgrund des Genusses von grünen Tomaten kam."

„Kevin, ich habe keine Ahnung, wovon Du redest. Ich kenne den Film nicht."

„Entschuldige, Patrick. Das war vor Deiner Zeit. Kommen wir zurück zum Thema Salat. Unsere Zuschauerinnen und Zuschauer möchten gerne wissen, ob sich diese Knorr-Salatkrönung auch für andere Salate eignet."

„Gewiß. Man schneide einen x-beliebigen Salat und kippe das angemachte Dressing darüber."

„Dressing? Was soll das denn sein? Jetzt rede nur nicht ausländisch, Patrick. Nach den neuesten Marketingerhebungen sind ca. 99 % unserer Zuschauerinnen und Zuschauer keiner Fremdsprache mächtig. Was heißt denn Dressing auf Deutsch?"

„Salatsauce."

„Äh, Patrick, Sauce ist französisch. Geht das auch auf Deutsch?"

„Aber sicher doch, Kevin. Das heißt Salatsoße."

„Jetzt ist mir alles klar. Du kochst also eine Soße, und die kippst Du über den Salat?"

„Mit Kochen hat eine Salatsoße eher nichts zu tun. Eine Salatsoße wird in der Regel kalt angerichtet."

„Das spart immerhin Strom. Die Strompreise sollen ja bis 2050 um 100 % steigen. Da haben wir eine Marktlücke gefunden, Patrick. Kochen ohne Strom! Wahnsinn!"

„Der Mensch ernährt sich nicht von Salat allein. Salat ist eher eine Beilage."

„Patrick, wir haben nun Roswitha Steinthaler in der Leitung, die eine interessante Frage für Dich hat."

„Ich bin die Roswitha Steinthaler und rufe aus Garmisch an. Patrick, mein Herd ist gerade kaputt. Von was kann ich mich nun sinnvoll ernähren?"

„Nun, Frau Steinthaler, sind Sie berufstätig? Dann würde ich Ihnen Ihre Werkskantine empfehlen."

„Nein, Patrick, leider nicht mehr."

„Patrick, da muß ich jetzt aber mal dazwischen gehen. Du kannst doch keine Werkskantine empfehlen! Wir erhielten unzählige Zuschriften von Zuschauern, die absolut keine Lust mehr auf die immer gleichen Gerichte haben, die in unseren Werkskantinen angeboten werden."

„Also, ich war mal in der Kantine der Deutschen Bank. Da gab es mittags Kaviar und Champagner."

„Das ist doch verrückt! Von Kaviar und Champagner kann doch niemand leben!"

„Kevin, das kommt ganz auf die Menge an."

„Von der Menge des Kaviars oder der Menge des Champagners? Rede doch mal Klartext, Patrick!"

„Auch hier kommt es auf die Beilage an."

„Was denn für eine Beilage?"

„Baguette, Zwiebelbrot, Risotto mit Trüffeln ..."

„Patrick! Jetzt reiß Dich mal zusammen! Unsere Sendung heißt ‚Kochen – wirklich leicht gemacht!"

„Sicher. Am leichtesten ist es, wenn jemand für einen kocht."

„Ach, das ist eine super interessante These, Patrick. Du favorisierst also den Pizza-Service, der auch deutsche und asiatische Gerichte im Angebot hat?"

„Keinesfalls. Das wäre politisch völlig unkorrekt."

„Wieso das denn?"

„Kevin, Du hast wirklich keine Ahnung. Wo bleiben denn dabei Döner und Gyros? Döner schlägt mittlerweile diese obskure Hamburger-Brutzelbude aus den USA!"

„Wie das denn?"

„Nur Döner macht schöner!"

„Ach, es handelt sich um ein Beauty-Produkt?"

„Kevin, es handelt sich keineswegs um ein Schönheitsprodukt. Döner geht schnell, ist nahrhaft und schmeckt."

„Patrick, ist das nicht ein Schlag gegen die von uns propagierte gesunde Ernährung?"

„Nun, das kann man so nicht sagen. Ich wüßte nicht, was wir in dieser Sendung gekocht hätten, was gesund ist."

„Patrick, jetzt sei nicht ungerecht! Der Gurkensalat aus der letzten Sendung war doch mal gesund ohne Ende!"

„Die Salatgurke schon, die Salatsoße eher nicht."

„Regie: Streicht den letzten Satz von Patrick! Sonst entzieht uns Knorr den Werbeetat! Ist niemand in der Lage, Patrick zu instruieren? Wie stellt Ihr Euch vor, daß ich die Situation und diese Sendung noch rette?"

„Nach meinen Erkenntnissen ist die Knorr-Salatkrönung nicht gesundheitsschädlich."

„Nein, Kevin, natürlich nicht."

„Liebe Zuschauerinnen und Zuschauer, Sie sehen, Sie können die Knorr-Salatkrönung bedenkenlos nach Anweisung zubereiten und verwenden! Es werden keine gesundheitlichen Schäden eintreten."

„Sicher, Kevin. Aber so eine Salatsoße läßt sich doch ganz einfach selbst zubereiten!"

„Patrick, das ist das Stichwort! Wir haben hier schon einmal ein paar Salate geschnipselt und warten nun auf Deine Gourmet-Salatsoße. Du hast 120 Sekunden Zeit!"

„Gleich so viel?"

„Nun werde mal nicht sarkastisch, Patrick!"

„Bin ich doch gar nicht! Was Du immer denkst, Kevin! Ich bin Koch, schon vergessen? ‚Vorbereiten' kann ich auch. Ich habe hier kleingehackte Schalotten, kleingeschnittene krause und glatte Petersilie, Meersalz, frisch gemahlenen schwarzen Pfeffer, einen Teelöffel Dijon-Senf, vier Eßlöffel Estragon-Essig, drei Eßlöffel Kerbelöl und fünf Spritzer Himbeeressig. Das alles verrühre ich nun mit dem Zauberstab und füge ganz langsam und tropfenweise Olivenöl mit Ingwer und mit Rosmarin & Thymian von Les CastelineS hinzu. Sollte das wider Erwarten keine cremige Konsistenz ergeben, füge ich das Eidotter eines hartgekochten Eis hinzu."

„Patrick! Nun ist aber Schluß! Unsere Zuschauerinnen und Zuschauer können sich kein Olivenöl mit Ingwer und mit Rosmarin & Thymian von Les CastelineS leisten! Da kostet eine Flasche 45 Euro!"

„Kevin, ich sehe, wir haben noch 30 Sekunden Zeit. Die Zuschauerinnen und Zuschauer sollen einfach eine Packung Knorr-Salatkrönung verwenden und nach Anleitung zubereiten."

„Die restliche Sendezeit möchte ich gerne verwenden, um beide Varianten zu probieren. Also ehrlich, Patrick, die Knorr-Salatkrönung schmeckt besser als Deine teure Version. DIE muß man nicht haben. Liebe Zuschauerinnen und Zuschauer, ich weiß nicht, ob wir in unserer nächsten Sendung Patrick wieder begrüßen werden. Schalten Sie trotzdem wieder ein, wenn es heißt ‚Kochen – wirklich leicht gemacht, dann unter dem Motto ‚Stromsparen – Kochen – Kalte Küche!'" <<

KOCHEN – WIRKLICH LEICHT GEMACHT   KLAPPE/XIII

>> Liebe Zuschauerinnen und Zuschauer! Ich begrüße Sie auch heute wieder recht herzlich zu unserer 13. Sendung ‚Kochen – wirklich leicht gemacht'.

„Patrick, in unserer letzten Sendung ging es um das schwierige Thema Salat und Salatsoßen. Unsere Redaktion wollte Dich ja rauswerfen.

Sesamöl, geröstete Pinienkerne, also ehrlich, so etwas überfordert doch unsere Zuschauerinnen und Zuschauer!"

„Also ehrlich, das ist doch Schwachsinn! Ich wüßte nicht, daß ich in dieser Sendung Sesamöl oder Pinienkerne verwendet hätte."

„Wir haben das intensiv in der Redaktion diskutiert, Patrick. Wir wollten Dich eigentlich rauswerfen. Wenn Du beginnst, mit Hummer und Wachteleiern daherzukommen, dann ist es aus."

„Kevin, ich habe in dieser Sendung noch nie Hummer mit Wachteleiern zubereitet."

„Das stimmt. Deine letzte Nummer mit Haselnußöl kam jedoch sehr schlecht an. Wer hat sowas schon im Haus? Außerdem hat sich Knorr massiv bei uns beschwert."

„Warum das denn, Kevin? In den beiden letzten Sendungen gab es nur Knorr-Salatkrönung. Wieviel Werbung wollen die denn noch?"

„Nun Patrick, wir erhielten wieder sehr viele Zuschauerzuschriften. Darin war überwiegend zu lesen, daß Knorr-Salatkrönung Mist ist."

„Wieso das denn? Glutamat kann doch nicht irren!"

„Glutamat ist doch verboten! Seit dem Glutamatverbot schmeckt ja so gut wie nichts mehr. Neulich habe ich Kartoffelsticks probiert. Früher aß ich eine Packung in Null-Komma-Nix! Nun aß ich drei Sticks und warf die Packung samt Inhalt weg! Das war ja eklig!"

„Kevin, beruhige Dich! Wenn Du kein Glutamat mehr ißt, lebst Du länger."

„Patrick, kannst Du das quantifizieren? Handelt es sich um Sekunden, Minuten, Stunden, Tage oder gar Jahre?"

„Was soll denn diese Frage, Kevin? Die Institute kommen zu unterschiedlichen Ergebnissen. Manche sprechen von Unbedenklichkeit, manche von der Todesfalle schlechthin."

„Nun, Patrick, das kommt wohl darauf an, wer die Studie finanziert. Maggi sitzt angeblich noch auf riesigen Mengen Glutamat, die nach und nach in der Maggi-Würze landen."

„Wie geht das denn, Kevin? Glutamat ist verboten. Wie kann Maggi es noch verwenden?"

„Maggi hat ein Patent aus dem Jahre 1887. Das zählt und sonst gar nichts! Wenn die Zusammensetzung der Maggi-Würze geändert würde, wäre Maggi faktisch pleite."

„Wo hast Du denn das her, Kevin?"

„Aus dem Internet."

„Ach, Du glaubst alles, was da steht?"

„Nein, natürlich nicht."

„In Schokolade soll ja angeblich Rinderblut sein. Apropos Rind. Mit Coca Cola kann man rohes Rindfleisch auflösen."

„Was Du nicht sagst! Also Patrick, ich esse keine Schokolade mehr. Das ist doch eklig!"

„Vor allem ist es falsch."

„Patrick! Wir haben nicht nur ein Millionenpublikum. Natürlich schaut die Lebensmittelindustrie genau hin. Wenn uns Nestlé verklagt, können wir hier einpacken! Dann ist es vorbei mit Deiner Fernsehkochkarriere. Mit meiner als Moderator übrigens auch. Jetzt reiß Dich mal zusammen!"

„Also gut, Kevin, ich nehme alles zurück, was ich bisher gesagt habe."

„Jetzt sei nicht gleich beleidigt. Erzähle unseren Zuschauerinnen und Zuschauern lieber, was es heute in der Sendung Leckeres zum Essen gibt."

„Woher soll ich das wissen?"

„Wirf mal einen Blick in den Kühlschrank, Patrick. Darin befindet sich alles, was im Durchschnittshaushalt zur Verfügung steht. Ich wende mich währenddessen unserem Zuschauer Herrmann Erben zu, der in der Leitung ist. Herr Erben, woher rufen Sie an und wie lautet Ihre Frage an Patrick?"

„Ich bin Jurist und rufe aus Limburg an. In der vorletzten Sendung wurde ein Gurkensalat zubereitet, ohne daß die Salatgurke geschält wurde. Das kann man doch nicht so stehen lassen! Ich habe mich schon an die Redaktion gewendet und natürlich keine Antwort erhalten. Eine ungeschälte Salatgurke ist hochgradig gefährlich."

„Herr Limburg, da komme ich jetzt ehrlich gesagt nicht mit. Was ist jetzt Ihre Frage?"

„Erben. Ich heiße Herrmann Erben. Meine Frage lautet, ob man aus Lebensmittelskandalen nichts lernt."

„Das ist eine superinteressante Frage. Patrick, warum lernen wir aus Lebensmittelskandalen nichts?"

„Welchen Lebensmittelskandal meint denn der Herr Anwalt?"

„Ich meine natürlich den Lebensmittelskandal mit den Salatgurken."

„Daran kann ich mich nicht erinnern. Kannst Du Dich daran erinnern, Kevin?"

„Also nicht wirklich. Zuerst waren die Salatgurken schuldig und dann wieder nicht. Wie das dann ausging, weiß ich nicht mehr."

„Die eindeutige Unschuld der Salatgurken konnte nie bewiesen werden."

„Ach, es gab eine Gerichtsverhandlung? Herr Erben, das wird unsere Zuschauerinnen und Zuschauer brennend interessieren. So etwas gibt es ja nicht alle Tage."

„Quatsch, es gab keine Gerichtsverhandlung. Genau das meine ich ja. Da kommen Lebensmittel in den Handel, die ungenießbar sind und es passiert rein gar nichts."

„Ihre Empörung in allen Ehren, Herr Erben. Melden Sie sich mal bei den Kollegen der Sendung ‚Vor Gericht'! Die werden dankbar sein, wenn Sie ein neues Thema aufs Tablett bringen. Hier geht es ausschließlich ums Kochen. Patrick, was hast Du denn im Kühlschrank gefunden?"

„Der Inhalt des Kühlschranks ist ziemlich übersichtlich, Kevin."

„Regie: Ihr solltet doch den Kühlschrank mit allem füllen, was sich im Durchschnittshaushalt befindet. Wie habt Ihr das denn recherchiert? Ihr habt die Redaktionsmitglieder befragt? Euch ist wirklich nicht zu helfen! Da macht man eine Umfrage auf der Straße mit normalen Menschen und keinesfalls mit durchgeknallten Redaktionsmitgliedern. Ach, es regnete und Ihr hattet keine Lust, die schnuckeligen Büroräume zu verlassen. Das darf ja wohl nicht wahr sein!

Patrick, ich höre gerade, daß der Inhalt des Kühlschranks nicht ganz dem des Durchschnittshaushaltes entspricht. Aber fast. Räume einfach mal alles aus, was sich im Kühlschrank befindet, damit unsere Zuschauerinnen und Zuschauer das sehen können. Wir sind hier im FernSEHEN und nicht beim Radio."

„Jetzt werde mal nicht pampig, Kevin. Ich kann nichts dafür, wenn der Kühlschrank fast leer ist."

„Entschuldige, Patrick. Mir gingen gerade kurz die Nerven durch. Das ist ja auch kein Wunder. Ich gebe hier klare Anweisungen zur Gestaltung der Sendung und die lieben Kollegen machen, was sie wollen. Naja, nun ist es zu spät. Wir müssen mit dem leben, was da ist. Was ist denn nun da, Patrick?"

„Also, Kevin, ich stelle jetzt alles auf dieses Tablett da. Zuerst haben wir genau sechs Dosen Bier, und dann sind da noch drei Flaschen Prosecco."

„Regie, Redaktion ..., das hat ein Nachspiel! Und was befindet sich noch im Kühlschrank, Patrick? Spann uns nicht länger auf die Folter!"

„Wir haben hier ein Glas mit sauren Gurken drin. Dann eine Tube mit Mayonnaise, Tomatenmark, Toast, Käsescheibletten und eine angebrochene Packung mit Lyoner. Außerdem finden sich noch zwei Pfirsiche im Kühlschrank."

„Was sagst Du dazu, Patrick? Kannst Du aus den vorgefundenen Lebensmitteln etwas Leckeres kochen? Ich wage es kaum zu sagen, aber die Zeit, liebe Zuschauerinnen und Zuschauer, läuft uns wieder einmal gnadenlos davon."

„Kevin, das ist jetzt aber nicht Dein Ernst, oder? Es wäre super gewesen, wenn Du vorher mal einen Blick in den Kühlschrank geworfen hättest."

„Wenn man sich auf seine Kollegen verläßt, ist man verlassen. Wer Kollegen hat, braucht keine Feinde."

„Na, na, Kevin, so schlimm ist es ja nun auch nicht. Habt Ihr einen Toaster?"

„Regie: Haben wir einen Toaster? Ja? Euer Glück! Wo steht denn das Teil?

Patrick, selbstverständlich haben wir einen Toaster. Er steht genau hinter Dir."

„Ich stecke jetzt mal zwei Toastscheiben in den Toaster. Das geht ruckizucki. So, und nun bestreiche ich die beiden Toastscheiben mit Mayonnaise. Darauf kommen dann jeweils zwei Scheiben Lyoner, darauf wiederum je eine Scheiblette. Achtung! Vorher die Folie abziehen."

„Liebe Zuschauerinnen und Zuschauer, wieder einmal können Sie sich auf Patrick und seine wertvollen Tips verlassen. Was passiert nun, Patrick?"

„Ich schneide zwei saure Gürkchen in dünne Scheiben, gebe sie auf den Käse und zur Abrundung noch ein paar Tupfer Tomatenmark. Fertig!"

„Wahnsinn! Liebe Zuschauerinnen und Zuschauer, wieder einmal ist in kürzester Zeit ein leckeres Gericht entstanden. Das Smiley aus Tomatenmark sieht wirklich lustig aus. Wir haben noch sechzig Sekunden Zeit. Gib mal so einen Toast zum Probieren rüber. LECKER! Wirklich!"

„Haben wir hier Sektkelche oder sowas?"

„Aber sicher. Schott läßt sich doch nicht lumpen!"

„Dann gib die mal rüber. Ich habe zwei Pfirsiche geschält und steche sie mit einer Gabel an. Die Pfirsiche kommen nun in die Sektkelche und werden mit dem Prosecco übergossen. Fertig."

„Huch, Patrick, die Pfirsiche kullern ja! Wahnsinn! Wahnsinn! Das Rezept muß ich mir merken – für meine nächste Party. Ohne Kollegen ..."

„Jetzt sei mal nicht so nachtragend, Kevin. Dies ist die 13. Sendung, und es ist ja alles gut gegangen!"

„Liebe Zuschauerinnen und Zuschauer, 13 ist eine Glückszahl! Soviel können wir hier konstatieren. Das hätte man wissen können. Die 13 ist die erste gezogene Lottozahl in Deutschland. Liebe Zuschauerinnen und Zuschauer, bleiben Sie optimistisch und schalten Sie wieder ein, wenn es heißt ‚Kochen – wirklich leicht gemacht', dann unter dem Motto ‚Kochen ist Glückssache!'" <<

KOCHEN – WIRKLICH LEICHT GEMACHT   KLAPPE/XIV

>> Liebe Zuschauerinnen und Zuschauer! Ich begrüße Sie recht herzlich zu unserer 14. Sendung ‚Kochen – wirklich leicht gemacht'.

„Patrick, unsere letzte Sendung, die 13. Sendung, hast Du überlebt. Da hätte ja einiges passieren können. Wir rechneten ja alle damit, daß Dir der Schnellkochtopf um die Ohren fliegt oder daß Du Dir in den Finger schneidest. Beim Flambieren hättest Du Dir Brandverletzungen zufügen können! Die Sendung war wirklich hoch brisant!"

„Kevin, jetzt bleibe mal auf dem Teppich! Letzte Woche haben wir ein Sandwich zubereitet und einen Kullerpfirsich! Ich schnitt gerade mal zwei saure Gurken! Hast Du zu mir kein Vertrauen?"

„Am Schluß der letzten Sendung war ich schon beunruhigt. Du schältest noch völlig außerplanmäßig zwei Pfirsiche. Das war schon äußerst riskant. Ich bin ja nicht abergläubisch. Aber bei der 13. Sendung kommt man schon ins Grübeln."

„Es ist ja nichts passiert, Kevin."

„Gewiß, Patrick. Doch es hätte etwas passieren können. Schwamm drüber. Wir haben wider Erwarten die 13. Sendung überlebt. Wieder erhielten wir viele Zuschriften und E-Mails. Die Zuschauerinnen und Zuschauer wollten vor allem wissen, was Lyoner ist, und ob man statt der Scheibletten auch einen anderen Käse verwenden kann."

„Nun, Lyoner ist eine Wurst aus Lyon."

„Ach, das wird unsere Zuschauerinnen und Zuschauer brennend interessieren. Es handelt sich um eine Wurst von unserem Erzfeind Frankreich?"

„Wieso denn Erzfeind? Da kann ich Dir nicht mehr folgen, Kevin."

„Patrick, ich vergesse immer wieder, daß Du noch so jung bist. Es ist zweifelsohne schon ein Erfolg, wenn es verboten ist, Froschschenkel zu essen oder Schildkrötensuppe herzustellen und zu essen."

„Igitt, also Kevin, das ist ja eklig ohne Ende! Wer ißt denn sowas?"

„Nun, die Franzosen haben so etwas gegessen."

„Das ist jetzt nicht Dein Ernst, oder?"

„Patrick, genau so war das. Deshalb haben unsere Zuschauerinnen und Zuschauer, die einem etwas älteren Jahrgang angehören, große Bedenken."

„Okay, Kevin. Das kann ich nachvollziehen. Statt der staatsfeindlichen Lyoner kann man natürlich auch Schinken, Salami oder eine andere Schnittwurst verwenden."

„Das beruhigt mich jetzt ungemein, Patrick. Liebe Zuschauerinnen und Zuschauer, Sie sehen, wir zwingen Sie nicht, sich an Kriegshandlungen zu beteiligen."

„Was denn für Kriegshandlungen, Kevin? Was hat denn Lyoner mit Krieg zu tun? Da komme ich jetzt nicht mehr mit."

„Lyoner stammt aus Lyon. Das reicht ja wohl als Erklärung. Wir wollen das Thema für unsere Zuschauerinnen und Zuschauer nicht weiter komplizieren."

„Was ist denn mit Salami? Die beste Salami stammt aus Italien."

„Nun, Patrick, das kannst Du in Deinem jungen Alter nicht wissen. Deutschland und Italien waren verbündet."

„Salami ist also unbedenklich?"

„Aber sicher, Patrick."

„Es wäre ja auch komisch, wenn die Deutschen italienisches Essen ablehnten. Pizza, Spaghetti ..., ohne italienisches Essen sähe es hier doch mau aus, oder?"

„Du bringst die Sache auf den Punkt, Patrick."

„Zum Thema Käse will ich noch sagen, daß jeder Schnittkäse für das Sandwich geeignet ist, das ich in der letzten Sendung zubereitete."

„Auf das Thema politisch korrekter Käse wollen wir später eingehen. Wir haben nämlich Ludwig Streibel via Telefon live in der Sendung. Herr Streibel, woher rufen Sie an und wie lautet Ihre Frage?"

„Ich rufe aus Saarbrücken an. Ich verstehe die Diskussion nicht. Bei uns gibt es Lyoner, und die schmeckt nicht schlecht."

„Herr Streibel, darum geht es doch gar nicht. Wir sagen hier ja nicht, daß Lyoner nicht schmeckt, oder Patrick?"

„Auf keinen Fall, Herr Streibel. Wenn Sie noch Lyoner im Haus bzw. im Kühlschrank haben, dürfen Sie diese selbstverständlich weiterhin verwenden."

„Aber ich soll keine Lyoner mehr kaufen! Ist das jetzt eine Lebensmittelzensur oder was?"

„Herr Streibel, regen Sie sich nicht auf! Wir leben in einer Demokratie. Sie können kaufen, was immer Sie wollen, sofern Sie zahlen können."

„Das hört sich doch eher nach Kapitalismus an. Ohne mich!"

„Kevin, wenn das hier alles ins Politische abgleitet, bin ich raus!"

„Herr Streibel, sind Sie noch dran? Aufgelegt! Schade. Patrick, leider haben wir uns wieder verquasselt, und die Zeit läuft. Das Politische spielt natürlich eine Rolle. Doch dies ist eine Kochsendung. Es geht ums Essen und sonst nichts."

„Kevin, Du hast doch mit dieser Diskussion mit der Lyoner angefangen. Ich kenne Lyoner als Fleischwurst."

„Ach, das wird unsere Zuschauerinnen und Zuschauer interessieren. Es gibt eine politisch korrekte Wurst aus Deutschland, die sich mit der Lyoner messen kann?"

„Aber selbstverständlich!"

„Die Zeit eilt wieder einmal davon. Was gibt es heute Leckeres zum Essen?"

„Nun, Kevin, während Du Deine politischen Hirngespinste verfolgt hast, habe ich schon mal so eine leckere Fleischwurst langsam in Wasser erwärmt. Der Herd sollte auf 1-2 eingestellt werden. Wenn man die Fleischwurst zu schnell erhitzt, ergibt sich der Effekt, daß die Fleischwurst außen heiß und innen kalt ist."

„Patrick, das ist ein wichtiger Hinweis für unsere Zuschauerinnen und Zuschauer. Die Fleischwurst ist nun also heiß. Was passiert jetzt?"

„Kevin, ich nehme die Fleischwurst aus dem Kochwasser. Ich entferne die Haut."

„Die Haut kann nicht mitgegessen werden?"

„Nun, das kommt darauf an. Es gibt auch Fleischwurst im Naturdarm. Wenn man eine Fleischwurst im Naturdarm gekauft hat, kann man den natürlich mitessen."

„Das ist doch super eklig! Also nein, Patrick! Jetzt pelle mal die Fleischwurst!"

„Werde mal nicht hysterisch, Kevin. Aber gut, wenn es Dich beruhigt, ich pelle die Fleischwurst."

„Nun teile ich die Fleischwurst in zwei Hälften, gebe etwas Dijon-Senf auf einen Teller, lege die Fleischwurst dazu und serviere sie mit frischem Bauernbrot vom Bäcker um die Ecke."

„Um den Fragen unserer Zuschauerinnen und Zuschauern vor allem aus den neuen Bundesländern vorzugreifen: Kann auch Senf aus Bautzen verwendet werden?"

„Aber sicher, Kevin."

„Liebe Zuschauerinnen und Zuschauer, wir danken Ihnen für Ihre Aufmerksamkeit und freuen uns, wenn Sie wieder einschalten, wenn es heißt ‚Kochen – wirklich leicht gemacht', dann unter dem Motto ‚Kochen aus deutschen Landen' –, um das mal klarzustellen: Hier geht es politisch korrekt zu ...“ <<

KOCHEN – WIRKLICH LEICHT GEMACHT KLAPPE/XV

>> Liebe Zuschauerinnen und Zuschauer! Ich begrüße Sie recht herzlich zu unserer 15. Sendung ‚Kochen – wirklich leicht gemacht'.

„Patrick, in unserer letzten Sendung gab es Fleischwurst aus deutschen Landen. Unsere Zuschauerinnen und Zuschauer waren besonders über den Hinweis dankbar, daß es Fleischwurst im Naturdarm und im Kunstdarm gibt. Einige konnten die Fleischwurst wohl nicht so wirklich genießen, weil ihnen der Kunstdarm schwer im Magen lag. Nun, dieses Problem hast Du ja nun dankenswerter Weise ein für allemal gelöst.“

„In diesem Zusammenhang möchte ich auch darauf hinweisen, daß es Käse mit und ohne Rinde gibt. Nicht jede Käserinde eignet sich zum Verzehr.“

„Gut, daß wir darüber sprechen, Patrick. Kannst Du dafür unseren Zuschauerinnen und Zuschauern einige Beispiele nennen?“

„Gewiß, Kevin. Nehmen wir einmal den allseits beliebten Gouda. Gouda wird im Kühlregal im Supermarkt abgepackt verkauft. In der Regel befindet sich daran keine Rinde mehr. Er ist also in seiner Gesamtheit eßbar.“

„Patrick, was meinst Du denn mit ‚in der Regel'? Ist das nun immer so oder nicht?“

„Meistens.“

„Solche Aussagen irritieren unsere Zuschauerinnen und Zuschauer doch nur, Patrick! Wähle ein eindeutigeres Beispiel.“

„Da will ich mal den auch sehr beliebten Camembert nennen.“

„Patrick, bevor Du weiterredest, wollen wir die Herkunft des Camemberts klären. In der letzten Sendung hatten wir es mit Lyoner zu tun, die ursprünglich aus Lyon stammt. Camembert hört sich ziemlich französisch an.

Regie: Sicher, ich habe von der deutsch-französischen Freundschaft gehört. Gewiß, wir machen keine Politik- oder Wirtschaftssendung.

Patrick, die Regie macht mich gerade darauf aufmerksam, daß französische Produkte völlig unbedenklich sind. Ich will mich nun nicht blöder anstellen, als ich bin. Natürlich stammt Camembert aus Frankreich, richtig?"

„Nein, Kevin. Nur der Camembert de Normandie ist der richtige Camembert eben aus Camembert in Frankreich. Ansonsten kann jeder, der die Rezeptur für den Camembert verwenden darf, das Resultat auch Camembert nennen."

„Ach, es gibt auch deutschen Camembert?"

„Aber gewiß, Kevin."

„Liebe Zuschauerinnen und Zuschauer, auch wenn Sie ausländische Produkte ablehnen, Sie dürfen trotzdem ihren Camembert aus deutschen Landen genießen."

„Kevin, jetzt rede mal keinen Blödsinn! Wer schaut schon darauf, wo ein Produkt hergestellt wird?"

„Na, ich natürlich, Patrick."

„Du trinkst keinen Champagner?"

„Wie kommst Du jetzt auf Champagner? Natürlich trinke ich Champagner, wenn es etwas zu feiern gibt!"

„Bist Du Dir da sicher? Handelt es sich nicht um Sekt?"

„Sekt, Champagner, also wirklich, Patrick, das ist doch dasselbe!"

„Na, das würde ich in Frankreich nicht laut sagen! Champagner darf sich nur der Schaumwein nennen, der aus der Champagne stammt. Alles andere ist Schaumwein und wird auch Sekt genannt."

„Respekt, Patrick, bei Dir kann ich wirklich etwas lernen. Aber nun wollen wir mal zurück zum Thema kommen. Es ging um Käserinde und speziell um Camembert, der auch aus Deutschland stammen kann."

„Richtig, Kevin. Die Rinde des Camemberts ist ein Weißschimmel, der nicht nur mit verzehrt wird, der gar wesentlich zum Geschmack dieser Käsesorte beiträgt."

„Das ist ein Schimmel? Ist dieser Schimmel nicht giftig, Patrick?"

„Nein, natürlich nicht. Es gibt verschiedene Sorten von Schimmelkäse. Unter anderem gibt es den allseits beliebten Blauschimmelkäse."

„Blauschimmel? Patrick, das wird ja immer bunter!"

„Gewiß, Kevin. Bevor Du wieder mit Deinen wirren Thesen daher kommst: Der deutsche Blauschimmelkäse wird unter den Namen Cambozola, der Blaue oder Bavaria Blu verkauft."

„Besten Dank für Deinen vorsorglichen Hinweis, Patrick. Ich höre soeben, wir haben unsere Zuschauerin Edeltraud Hinkel aus Landshut in der Leitung. Frau Hinkel, wie lautet Ihre Frage an Patrick?"

„Bislang habe ich keine Sendung verpaßt, und ich finde sie ganz großartig."

„Die Sendung oder mich?"

„Beides natürlich. Patrick ist auch großartig. Wenn man bedenkt, der Bub ist erst im zweiten Lehrjahr!"

„Sicher, Frau Hinkel. Das, was Patrick bislang in dieser Sendung gekocht hat, kann mit jedem Sterne-Restaurant locker mithalten."

„Das weiß ich nicht. Ich war noch nie in einem Sterne-Restaurant. So etwas könnte ich mir nie leisten."

„Regie: Wir könnten doch ein Quiz in die Sendung einbauen, und der Gewinner speist in einem Sterne-Restaurant, oder? Haltet diesen genialen Gedankenblitz unbedingt fest.

Frau Hinkel, unser Regisseur, der im Geld schwimmt wie Dagobert Duck, flüstert mir gerade zu, das Essen im Sterne-Restaurant werde völlig überbewertet. Gänseleberpastetchen mit etwas Garnitur, der Hauch eines Salates und schwups sind Sie schon 100 Euro los. Unser Regisseur versichert glaubhaft, daß er anschließend immer noch zu McDonalds geht. Nun, das soll wohl unseren Neid etwas beschwichtigen."

„Also, das glaube ich nicht. Man sieht ja in den anderen Kochsendungen immer riesige Teller mit fast nix drauf."

„Sie sagen es, Frau Hinkel. Deshalb machen wir ja auch die etwas andere Kochsendung für jedermann."

„Darf ich nun meine Fragen an Patrick stellen?"

„Nur zu, Frau Hinkel."

„Was kann man denn mit Käse kochen?"

„Patrick, das ist natürlich die passende Frage zu unserer heutigen Sendung. Das war jetzt nicht mit Frau Hinkel abgesprochen. Sie hätte auch fragen können: ‚Wie räuchert man Fisch?‘"

„Kevin, zum Thema Fischräuchern ..."

„Nein, Patrick. Fischräuchern machen wir in einer späteren Sendung. Das ist wohl etwas kompliziert, und das hat Frau Hinkel auch nicht gefragt. Sie will wissen, was man mit Käse kochen kann. Diese Frage ist berechtigt. Fast jeder hat ja so einen ollen Käse im Kühlschrank rumliegen."

„Also Kevin, wenn ein Käse alt ist, dann heißt das nur, er ist gereift."

„Das hast Du prima gesagt, Patrick. Den Satz muß ich mir merken, wenn meine Mutter ihren nächsten Geburtstag feiert – oder eben nicht. Da gäbe es nichts zu feiern, sagt sie."

„Wie alt ist denn Deine Mutter, Kevin?"

„Nun, sie wird jetzt ... Also, nein, das geht wirklich niemanden etwas an. Schon gar keine Millionen Zuschauerinnen und Zuschauer. Nichts für ungut, meine sehr verehrten Damen und Herren. Aber jetzt beantworte einmal die Frage von Frau Hinkel: ‚Was kann man mit Käse kochen?‘ Apropos kochen. Ich schaue auf die Uhr und stelle fest, es ist wieder einmal fünf vor zwölf, bildlich gesprochen. Was gibt es in dieser Sendung eigentlich zum Essen?"

„Mittlerweile kenne ich Dich ja zur Genüge, Kevin. Zuerst verwickelst Du mich in Gespräche über alles Mögliche. Wenn die Sendung fast vorbei ist, verlangst Du von mir ein Drei-Sterne-Menü!"

„Das ist doch gar nicht wahr, Patrick. Niemand verlangt von Dir ein Drei-Sterne-Menü!"

„Keine Panik, liebe Zuschauerinnen und Zuschauer, so weit wird es in dieser Sendung auch nie kommen. Während Kevin sich über die Herkunft von Lebensmitteln ausließ, habe ich schon einmal den Backofen vorgeheizt und den Rewe Back-Camembert mit Wildpreiselbeeren hineingeschoben. Sie können natürlich auch das Fertiggericht eines anderen Herstellers verwenden."

„Jetzt, wo Du es sagst, Patrick. Ich habe mich schon gefragt, was Du am Backofen machst. Einige Zuschauerinnen und Zuschauer wollten wissen, was Du in den Backofen geschoben hast. Mir fiel das explizit nicht auf. Köche hantieren ja ständig am Herd oder am Backofen. Daran konnte ich nun nichts Außergewöhnliches finden. Doch ich gebe zu: Es riecht hier im Studio tatsächlich nach Käse. Brillant! Das beantwortet auch gleich die Frage von Frau Hinkel, die da lautete: ‚Was kann man mit Käse kochen?' Back-Camembert mit Wildpreiselbeeren! Lecker. Wann ist dieses Gericht fertig?"

„Die Zubereitung dauert ca. 20 Minuten. Unsere Zuschauerinnen und Zuschauer sollten die Packungshinweise beachten. Ganz wichtig: Bevor Sie das Gericht in den Backofen schieben, entfernen Sie auf alle Fälle die Verpackung, auch wenn der Hersteller nicht explizit darauf hinweist. Besonders bei ausländischen Herstellern kann es passieren, daß dieser Hinweis vergessen wird."

„Liebe Zuschauerinnen und Zuschauer, wieder einmal erhalten Sie wertvolle Tips von unserem Kochexperten Patrick. Wir haben wider Erwarten noch zwei Minuten Zeit. Kannst Du unseren Zuschauerinnen und Zuschauer noch ein paar Tips geben?"

„Aber sicher, Kevin. Wenn Sie etwas in den Backofen geben und dort fertig backen, hat das Gericht am Ende die Temperatur, die Sie eingestellt haben, wenn es aus dem Backofen kommt. In unserem Fall mit dem Back-Camembert beträgt die Backtemperatur 220^0. Deshalb habe ich den fertig gebackenen Camembert auch schon mal aus dem Backofen genommen. Sonst verbrennt sich Kevin nämlich den Mund und die Zunge, wenn er gleich probiert."

„Aha, Patrick. Es handelt sich hier zweifelsohne um einen physikalischen Vorgang. Recht herzlichen Dank für diesen praktischen Hinweis. Wir vergessen ja oft, daß es beim Kochen zuweilen heiß zugehen kann."

„Außer in der ‚Kalten Küche', Kevin."

„Netter Witz, Patrick. Den muß ich mir merken. So, jetzt laß mal den Back-Camembert probieren. Der ist noch ganz schön heiß. Doch, was soll ich sagen, liebe Zuschauerinnen und Zuschauer, das Gericht schmeckt. Wieder einmal ist es Patrick gelungen, in kürzester Zeit ein leckeres Gericht zu zaubern. Okay, es schmeckt ein bißchen trocken. Ach, ich habe die Waldpreiselbeeren vergessen. Also, zusammen mit den Waldpreiselbeeren kann man das durchaus essen."

„Jetzt hör aber auf, Kevin! Was erwartest Du denn?"

„Nichts, Patrick. Ich sagte doch, es schmeckt lecker. Was soll ich denn sonst noch sagen? Liebe Zuschauerinnen und Zuschauer, probieren Sie dieses leckere Käsegericht einfach selbst aus. Vor allem möchte ich Sie jedoch bitten, wieder einzuschalten, wenn es wie immer heißt ‚Kochen – wirklich leicht gemacht‘, dann unter dem Motto ‚Heute bleibt die Küche kalt.‘“ <<

KOCHEN – WIRKLICH LEICHT GEMACHT KLAPPE/XVI

>> Liebe Zuschauerinnen und Zuschauer! Ich begrüße Sie recht herzlich zu unserer 16. Sendung ‚Kochen – wirklich leicht gemacht‘.

„Patrick, in unserer letzten Sendung haben wir uns mit dem Thema Käse beschäftigt. Der Back-Camembert klebt mir noch immer zwischen den Zähnen. Das war nur ein Scherz. Rege Dich ja nicht auf, Patrick.“

„Woher denn, Kevin? Inzwischen habe ich mich an Deinen schrägen Humor gewöhnt.“

„Ja, liebe Zuschauerinnen und Zuschauer, Patrick und ich sind ein tolles Team. Daran besteht überhaupt kein Zweifel. Unsere Quote steigt ständig. Wir erhielten wieder zahllose Zuschriften. Die meisten interessiert, was es denn mit der Kalten Küche auf sich hat, die Du in der letzten Sendung erwähntest. Das hört sich ja ziemlich geheimnisvoll an.“

„Unsinn, Kevin. Als Kalte Küche bezeichnet man alles, was nicht gekocht wird.“

„Patrick, das ist wirklich super! Liebe Zuschauerinnen und Zuschauer, hier erfahren Sie nicht nur, wie man lecker kocht, hier erfahren Sie auch, wie Sie Ihre Stromrechnung markant senken können. Phantastisch! Die Kollegen der Wirtschaftssendung werden vor Neid erblassen.“

„Jetzt übertreibe mal nicht, Kevin. Etwas Warmes braucht der Mensch.“

„Patrick, Schleichwerbung ist unzulässig, das weißt Du!“

„Wieso denn Schleichwerbung? Ich habe keine Ahnung, wovon Du redest."

„Entschuldige, Patrick. Ich vergesse immer, wie jung Du bist. Das war der Werbespruch eines Suppenherstellers."

„Ich habe selten so etwas Blödes gehört. Eine Suppe muß heiß sein."

„Jetzt wo Du es sagst, Patrick ... Ja, das stimmt. Ich habe mich schon gefragt, weswegen die Werbung abgesetzt wurde. Ich habe sie jedenfalls schon lange nicht mehr gesehen. Vielleicht können unsere aufmerksamen Zuschauerinnen und Zuschauer weiterhelfen. Aber es soll ja nicht um warmes oder gar heißes Essen gehen, denn heute bleibt die Küche kalt. Welche Gerichte eignen sich denn dafür?"

„Nun Kevin, da gibt es mehrere Möglichkeiten. Die meisten Zuschauerinnen und Zuschauer werden belegte Brote kennen."

„Sicher, Patrick, unsere Zuschauerinnen und Zuschauer sind ja nicht bekloppt. Früher hat mir meine Mutter immer Stullen für die Schule geschmiert. Das waren noch Zeiten! Mami, wenn Du vorm Bildschirm sitzen solltest, ich grüße Dich herzlich. Kannst Du mal bei mir vorbeikommen? Ich kann kaum mehr aus den Fenstern hinaussehen, die schmutzige Wäsche scheint sich täglich zu vermehren und bügeln kann ich immer noch nicht."

„Kevin, Du läßt Deine Mutter die Hausarbeiten für Dich erledigen?"

„Mir ist das auch peinlich. Leider kann ich mir keine Hausperle leisten. Regie: Nun seht Ihr, was Ihr mit Eurem Dumpinglohn anrichtet. Nun ist es raus und öffentlich."

„Was ist denn eine Hausperle?"

„Das ist die Umschreibung für eine Putzfrau."

„Ach so. Wie wäre es denn mit einer Lebensabschnittspartnerin, die das Putzen, Waschen und Bügeln für Dich übernimmt?"

„Netter Ansatz, Patrick. Darauf bin ich auch schon gekommen. Leider ist jedoch die Emanzipation so weit fortgeschritten, daß sich keine Frau mehr darauf einläßt. Meine letzte Lebensabschnittspartnerin drückte mir den Wischmop und den Staubsauger in die Hand und sagte: ‚Räum doch Deinen Dreck alleine weg!' Mit diesen Worten verließ sie meine Wohnung und tauchte nie wieder auf."

„Das ist hart, Kevin. Was machst Du nun, um Dein Problem zu lösen?"

„Keine Ahnung. Ich werde erst einmal in Verhandlungen mit meiner Mutter treten. Apropos Mutter. Das bringt mich zurück auf unser eigentliches Thema. Du erwähntest, daß belegte Brote Kalte Küche sind."

„Belegte Brote können Kalte Küche sein. Man kann Brot auch mit etwas Warmem belegen."

„Das ist interessant, Patrick. Woran genau denkst Du dabei?"

„Jetzt denk mal nach, Kevin. Du kennst doch sicher diese Restaurantkette mit dem großen M."

„M? Du sprichst in Rätseln, Patrick. Wie sollen unsere Zuschauerinnen und Zuschauer das denn verstehen? Dies ist keine Quiz-Show!"

„Zuerst soll ich keine Schleichwerbung machen und nun soll ich McDonalds sagen?"

„Um Himmels Willen, Patrick. Das gibt Ärger. Liebe Zuschauerinnen und Zuschauer, was Patrick meint, ist, daß es verschiedene Anbieter für das gibt, was wir landläufig als Hamburger bezeichnen.

Regie: Schaltet einen Anwalt ein! Hat niemand von Euch Idioten Patrick erklärt, was er in der Sendung sagen darf und was nicht?"

„Kevin, natürlich gibt es auch Burger King und die Brutzelbude um die Ecke. Das steht doch außer Frage!"

„Patrick, wir haben es verstanden. So ein Fleischklops ist warm und wird zwischen zwei Brothälften gesteckt. Für Döner gilt das auch. Es handelt sich eindeutig um ‚Warme Küche'. Womit kann man denn ein Brot belegen, ohne kochen zu müssen?"

„Mit was hat denn Deine Mami Deine Schulstullen belegt?"

„Eine Frage mit einer Gegenfrage zu beantworten, ist zwar rhetorisch äußerst geschickt. Doch ich weise darauf hin, daß Du der Kochexperte bist und dafür bezahlt wirst und nicht ich. Laß gefälligst meine Mutter aus dem Spiel!"

„Kevin, jetzt sei mal nicht so empfindlich! Meine Mami schmierte mir häufig Leberwurstbrote. Ich haßte Leberwurstbrote! Vor allem nachdem mir mein Cousin, der gelernter Metzger ist, erzählt hat, was in Leberwurst drin ist."

„Du weißt, was in Leberwurst drin ist?"

„Ja, Kevin."

„Was ist denn nun drin, Patrick?"

„Dies und das. Kevin, glaube mir einfach, Du willst das nicht wissen."

„Du bist der Experte, Patrick. Ich vertraue Dir. Leider sind wir mit dem Thema ‚Kalte Küche' noch nicht wirklich weit gekommen. Und schon haben wir unsere Zuschauerin Annette Scholz aus Bergisch-Gladbach in der Leitung. Bitte stellen Sie Ihre Frage an Patrick."

„Ich freue mich sehr, daß ich endlich einmal durchgekommen bin. Eure Sendung ist großartig! Die anderen Kochsendungen schaue ich überhaupt nicht mehr an. Was einem in den anderen Kochsendungen vorgesetzt wird, kann sich der Normalbürger doch gar nicht leisten!"

„Da hat Annette Scholz zweifelsohne recht, oder? Was sagst Du Patrick?"

„Also, ich möchte an dieser Stelle nicht über meine Kollegen aus den anderen Kochsendungen herziehen, Kevin."

„Warum denn nicht? Genau das interessiert doch unsere Zuschauerinnen und Zuschauer, richtig, Frau Scholz?"

„Nein, mich interessiert das eher nicht. Darf ich jetzt meine Frage stellen?"

„Gewiß, Frau Scholz. Entschuldigung, vor lauter Geplapper hätte ich fast Ihre Frage vergessen. Die lautet nun wie?"

„Mein Arzt meinte, ich solle unbedingt abnehmen. Welche Diät ist für mich geeignet?"

„Frau Scholz, das ist ein weites Feld."

„Patrick, das ist doch eine klare und einfache Frage. Was faselst Du da von ‚einem weiten Feld'?"

„Nun, Kevin, es gibt leider nicht DIE Diät. Außerdem scheint es sich hier um ein medizinisches Problem zu handeln. Damit kenne ich mich nicht aus."

„Sicher, Patrick. Du bist hier nicht als medizinischer Experte eingestellt. Ich will nun die Frage von Frau Scholz umformulieren, um die Brücke zum Kochen zu schlagen. Welche Diät funktioniert überhaupt? Wie muß gekocht werden, um sein Gewicht dauerhaft zu reduzieren?"

„Ich will es einmal auf den Punkt bringen: So wenig wie möglich."

„Frau Scholz, ist Ihre Frage damit beantwortet?"

„Nicht wirklich."

„Frau Scholz, dies ist eine Kochsendung. Es wird gekocht. Wenn Sie weniger oder anders essen sollen, sind Sie hier falsch. Es tut mir leid.

Regie: Wer hat denn diese Frau Scholz angerufen? – Ach, Frau Scholz hat von sich aus angerufen. Und Ihr habt sie nicht gefragt, mit welcher Frage sie in der Sendung aufwartet? – Habt Ihr nicht! Wir sprechen uns noch! Ihr sabotiert praktisch die Sendung!

Patrick, eigentlich liegen wir doch heute voll auf der Linie von Frau Scholz. Genau genommen wird heute nichts gekocht. Die Küche soll ja kalt bleiben, richtig?"

„Du sagst es, Kevin. Wenn ich den Faden wieder aufnehmen darf. Wir unterhielten uns über Schulstullen."

„Genau. Deine Begeisterung für Leberwurstbrote hält sich in Grenzen. So weit waren wir schon."

„Richtig. Zum Glück hatte ich Simon, meinen besten Schulfreund. Er liebt Leberwurstbrote. Also haben wir beide immer getauscht. Simons Mutter gab ihm meist Butterbrote dick mit Käse belegt mit. Ich dagegen liebe Butterbrot mit Käse. Die sind nämlich einfach lecker!"

„Sag mal, Patrick, wäre es nicht einfacher gewesen, wenn Simon und Du mit Euren Müttern gesprochen hättet?"

„Du spinnst wohl, Kevin! Aus so einer Lappalie macht man doch kein Familiendrama!"

„Hm, da hast Du wohl recht. Vieles wird ja heutzutage ziemlich hoch aufgehängt. Dabei gibt es oft ganz einfache Lösungen. Liebe Zuschauerinnen und Zuschauer, hier erhalten Sie echte Lebenshilfe. Einfach mal mit dem besten Freund oder der besten Freundin quatschen und schon lösen sich schier unüberwindbare Probleme in Nichts auf. Phantastisch, Patrick!"

„Übertreibe mal nicht, Kevin. Es ging doch einfach nur um ein Pausenbrot."

„Na, Patrick, es gab schon Kriege aus nichtigeren Anlässen. Wir wollen nun die Weltpolitik verlassen und ich muß Dich fragen, es tut mir leid, wir haben nur noch drei Minuten Zeit: Was gibt es denn heute zum Essen?"

„Ich weiß nicht weswegen, aber irgendwie habe ich damit gerechnet, daß es wieder so ausgeht. Hier habe ich ein frisches Roggenbrot vom Bäcker meines Vertrauens."

„Ach, es gibt einen Bäcker Deines Vertrauens? Das ist ja interessant!"

„Sicher. Es gibt ja auch den Metzger meines Vertrauens."

„Laß mich raten. Das ist Dein Cousin."

„Selbstverständlich. Alles bleibt sozusagen in der Familie."

„Okay, Patrick. Was machst Du nun mit dem Brot?"

„Ich schneide zwei Scheiben ab. Dann bestreiche ich die Brotscheiben dick mit Butter."

„Ist das nicht gesundheitsschädlich?"

„Quatsch. Butter ist Fett und somit Geschmacksträger."

„Wir wollen nicht streiten. Der Countdown läuft. Was passiert denn jetzt?"

„Ich belege die gebutterten Brotscheiben mit Gouda. 45 % Fettgehalt sollte der schon haben."

„Liebe Zuschauerinnen und Zuschauer, also in mir bricht gerade eine Welt zusammen. Frau Scholz sitzt inzwischen bestimmt weinend vor ihrem Fernsehbildschirm, und die Zuschauerinnen und Zuschauer sollen ein fettes Käsebrot essen? Ist das wirklich Dein Ernst, Patrick?"

„In der verbleibenden Zeit von zwei Minuten bekomme ich kein Drei-Gänge-Menü mehr hin."

„Niemand verlangt von Dir, hier in der Sendung ein Drei-Gänge-Menü zu kochen."

„Du hörst Dich an wie Erich Honecker."

„Wie kommst Du jetzt auf Erich Honecker?"

„Kevin, das erkläre ich Dir nach der Sendung. Jetzt probiere einfach mal das Käsebrot. Ich habe noch ein Gewürzgürkchen in Scheiben geschnitten und das Käsebrot damit garniert."

„Patrick, das sieht super aus. Ich beiße jetzt mal rein. Wahnsinn! Du hast Dich selbst übertroffen. – Liebe Zuschauerinnen und Zuschauer, Sie sehen, Kochen geht auch ohne viel Zeitaufwand und exotische Zutaten. Schalten Sie also nächste Woche wieder zu unserer beliebten Sendung ein, wenn es bei uns heißt ‚Kochen – wirklich leicht gemacht', dann unter dem Motto ‚Bodenständiges Kochen'." <<

KOCHEN – WIRKLICH LEICHT GEMACHT   KLAPPE/XVII

>> Liebe Zuschauerinnen und Zuschauer! Ich begrüße Sie recht herzlich zu unserer 17. Sendung ‚Kochen – wirklich leicht gemacht'.
„Patrick, in unserer letzten Sendung haben wir uns mit dem Thema ‚Kalte Küche' beschäftigt. Die Zuschauerreaktionen waren überwältigend. Besonders die Kriegsgeneration, die leider im Aussterben begriffen ist, meldete sich massiv zu Wort. Das hat mich sehr gefreut. So ein verlorener Krieg hängt einem ja irgendwie nach."
„Ach, der Afghanistan-Krieg ist verloren? Wo stand das denn, Kevin? Da habe ich wohl etwas verpaßt. Kein Wunder. Ich komme ja auch kaum mehr dazu, Nachrichtensendungen anzusehen vor lauter Kocherei."
„Äh, entschuldige, ich sprach vom 2. Weltkrieg."
„Na ja, der ist ja schon eine Weile her."
„Patrick, verloren ist verloren. Da beißt die Maus keinen Faden ab. Womit wir schon bei Deinem leckeren Käsebrot aus der letzten Sendung wären."
„Das verstehe ich nicht, Kevin. Was hat denn eine Maus mit meinem Käsebrot zu tun?"
„Patrick, was ißt denn so eine Maus? Käse. Genau. Jetzt kritisiere nicht meine elegante Überleitung. Du bringst mich total aus dem Konzept."
„Nichts liegt mir ferner."
„Jedenfalls gilt an dieser Stelle mein Dank an alle Zuschauerinnen und Zuschauer, die ihre Erfahrungen mit uns teilten. Petra Kadinsky, geboren in Königsberg, schrieb uns, daß sie sich als Kind am meisten über ein Butterbrot mit Salz gefreut hat. Noch besser war nur noch ein Butterbrot mit Zucker."

„Also, nein Kevin, jetzt versuchst Du mich zu vera... – äh, aufs Glatteis zu führen. Butterbrot mit Zucker! Das ist doch eklig!"

„Keineswegs, Patrick. Wir können uns heute einfach nicht mehr vorstellen, wie es im Krieg oder in der Nachkriegszeit zuging. Da gab es keine Einkaufstempel; da gab es so gut wie gar nichts. Unsere Großeltern gingen damals aufs Land und versuchten, von den Bauern Lebensmittel zu ergattern."

„Weswegen gingen sie denn nicht in den Supermarkt? Hatten sie denn kein Geld?"

„Damals gab es keine Supermärkte und Geld kann man nicht essen."

„Das ist wahr, Kevin. Ich war einmal beim Campen, also sozusagen in der Pampa. Als unsere Essensvorräte aufgebraucht waren, mußten wir abreisen."

„Nun Patrick, das trifft es nicht ganz, aber doch, so ähnlich kann man sich das vorstellen. Traudl aus Gera berichtet, daß sie jahrelang Muckefuck trank, also eigentlich bis zur Wende 1989."

„Muckefuck? Das habe ich noch nie gehört. Was soll denn das sein?"

„Muckefuck ist ein Kaffee-Ersatz. Er wird aus Getreide hergestellt, oft aus Malz. Sagt Dir Ovomaltine etwas?"

„Kevin, das wird doch kein Produktname sein? Mich hast Du in der letzten Sendung fertiggemacht, weil ich eine berühmte Brutzelbude, die Hamburger herstellt, namentlich erwähnte."

„Oops, Entschuldigung. Doch ich kann Dir versichern, niemand trinkt heutzutage Malzkaffee. Wozu auch? Der enthält nicht einmal Koffein."

„Jetzt mach mal langsam, Kevin. Es gibt Kaffee ohne Koffein?"

„Sicher. Es gibt ja auch Süßstoff, der wie Zucker schmecken soll, und Bier, das wie Bier schmeckt, aber keinen Alkohol enthält."

„Den Ball nehme ich gerne auf, Kevin. Es gibt auch Heidelbeerjoghurt mit 0,2% Fett."

„Patrick, da komme ich nicht mehr mit. Aber es ist schön, daß Du wieder zum Thema zurückgefunden hast. Dies ist ja keine Laberrunde, sondern eine handfeste Kochsendung. Was hat es nun mit dem Heidelbeerjoghurt auf sich?"

„Nun, da ist keine Heidelbeere drin."

„Was Du nicht sagst, Patrick! Das ist ja ein Skandal!"

„Wo kein Kläger, da kein Richter."

„Warum klagt denn da keiner? Das verstehe ich nicht. Das ist doch Betrug am Verbraucher!"

„Niemand klagt, weil der Heidelbeerjoghurt schmeckt."

„Jetzt, wo Du es sagst, Patrick. Also ich habe auch Joghurt im Kühlschrank. Aber ich schwöre Dir, auf dem Deckel des Joghurts ist Obst abgebildet. Und das nicht zu knapp."

„Sicher, was sollte denn sonst abgebildet sein?"

„Na, das was drin ist."

„Werde nicht albern, Kevin. Wenn das abgebildet wäre, was drin ist, dann würde das doch niemand mehr kaufen."

„Auch wieder wahr. Kann sich der Verbraucher irgendwie schützen?"

„Nein."

„Patrick, das war eine knappe Antwort. Ich sehe gerade, daß wir schon Frau Edith Möller aus Pirmasens in der Leitung haben. – Regie: Warum gönnt Ihr es mir eigentlich nicht, einmal mit einem Mann zu telefonieren? Ach, es rufen nur Frauen an. Okay, okay. Ich habe es kapiert.

Frau Möller, es freut uns, daß Sie sich für die einzig wahre Kochsendung im deutschen Fernsehen begeistern und bitte um Ihre Frage an unseren Jungkoch Patrick."

„Also ehrlich, ich finde Eure Kochsendung eher mittelmäßig. Gekocht wird ja nicht gerade viel."

„Regie: Wir brauchen hier Jubelanrufe und keine Kritik! Ihr spinnt wohl! Ach, Ihr wußtet von nichts. Wie üblich halt. Nicht zu fassen.

Frau Möller, in unserer einzigartigen Kochsendung geht es auch nicht um Masse. Es geht mehr um Qualität, wenn Sie mir folgen können."

„Nur mal so zur Information: Ich bin ausgebildete Hauswirtschafterin. Wenn ein Käsebrot ein qualitativ hochwertiges Essen sein soll, dann weiß ich auch nicht."

„Patrick, Du siehst, wir haben es mit einer Fachfrau zu tun. Was hast Du zu Deiner Verteidigung zu sagen?"

„Wieso ich? Du bist immer derjenige, der quasselt ohne Ende und mir dann nur noch ein paar Minuten zum Kochen gibst."

„Jetzt hör aber auf! Wer hat Dich denn zum Beispiel heute davon abgehalten, schon einmal mit unserem heutigen Menü, Rouladen, Rotkohl und Kartoffelklößen, zu beginnen?"

„Ich soll in 20 Minuten Rouladen, Rotkohl und Kartoffelklöße kochen? Frau Möller, Sie sind doch ausgebildete Hauswirtschafterin. Erklären Sie meinem völlig ahnungslosen Kollegen Kevin einmal, daß das ein Ding der Unmöglichkeit ist."

„Ja, das kann ich bestätigen. Allein für die Vorbereitung ziehen mindestens 30 Minuten ins Land. Darf ich nun meine Frage stellen?"

„Gewiß, Entschuldigung, Frau Möller. Patrick, jetzt laß doch Frau Möller zu Wort kommen!"

„Kevin, Du hast angefangen mit den Rouladen, dem Rotkohl und den Kartoffelklößen. Frau Möller, stellen Sie bitte Ihre Frage."

„Meine Frage lautet, warum die Leute heutzutage keine Zeit mehr fürs Kochen aufwenden wollen und wie das dann damit zusammenpaßt, daß die Leute trotzdem etwas Gutes essen wollen."

„Frau Möller, besten Dank für diese super Frage. Patrick, Frau Möller hat doch recht! Was die Leute wollen, ist die Quadratur des Kreises, wenn ich das einmal sagen darf."

„Gewiß, Kevin. Bleiben wir mal spaßeshalber bei Deinem schönen Beispiel mit den Rouladen, dem Rotkohl und den Kartoffelklößen. Dafür müßte ich jetzt die Rouladen salzen, pfeffern, mit Senf einschmieren, die Zwiebel schälen und in dünne Streifen schneiden, ein Gewürzgürkchen in Scheiben schneiden und den durchwachsenen Speck in kleine Würfel und das Fleisch damit belegen, das Fleisch aufwickeln, mit Fleischspießchen schließen, scharf in Öl anbraten, mit Rinderfond aufgießen und ca. eine Stunde kochen lassen oder wahlweise in den Backofen schieben. Für die Kartoffelklöße müßte ich 2/3 der Kartoffeln schälen und reiben. Die restlichen Kartoffeln müßte ich auch schälen und in Salzwasser kochen. Das allein dauert 15-20 Minuten. Während die Kartoffeln kochen und die Rouladen garen, könnte ich in der Tat schon einmal das Rotkraut hobeln, waschen und in Öl andünsten, mit Gemüsefond übergießen und ca. 10-15 Minuten dünsten lassen ..."

„Patrick, genug, ich habe es verstanden! Liebe Zuschauerinnen und Zuschauer, Sie sehen, es ist leider unmöglich, mein Lieblingsgericht hier in dieser Sendung sozusagen live zu kochen. Das findet niemand bedauerlicher als ich, glauben Sie mir. Frau Möller, beantwortet das Ihre Frage?"

„Na ja, mehr ist von der Jugend von heute wohl nicht zu erwarten. Immerhin weiß Patrick, wovon er redet. Allerdings würde ich die Kartoffeln erst reiben, wenn der Rest der Kartoffeln gekocht ist."

„Das ist ein sehr guter Tip, Frau Möller. Was sagst Du, Patrick?"

„Frau Möller hat natürlich völlig recht. Geriebene Kartoffeln verfärben sich schnell. Dagegen hilft die Zugabe von etwas Essig."

„Liebe Zuschauerinnen und Zuschauer, Sie sehen, hier können Sie etwas lernen, auch wenn wir leider nicht in der Lage sind, in der Sendung aufwendige Gerichte zu präsentieren. Apropos Gericht, was gibt es denn heute zum Essen, Patrick? Die Zeit läuft gnadenlos ab!"

„Das ist keine überraschende Information, Kevin. Der Sendungsablauf ändert sich wohl nie. Heute will ich mich dem Thema Dessert widmen, was ja gut zur Kalten Küche paßt."

„Du mußt aber zugeben, daß es auch heiße Desserts gibt. Vanilleeis mit heißen Himbeeren zum Beispiel, richtig?"

„Sicherlich, doch ich habe leider weder Vanilleeis noch Himbeeren. Was ich hier habe, ist ein Becher saurer Sahne mit 10 % Fett ..."

„10 % Fett? Also wirklich, Patrick, jetzt übertreibe mal nicht. Hätten 3 oder 4 % nicht auch gereicht? Unser Briefkasten wird überquellen, weil sich die Zuschauerinnen und Zuschauer massiv beschweren werden! Die meisten müssen doch Diät halten."

„Diäten sind doch Mist. Hast Du schon einmal eine Diät gemacht?"

„Sicher. Einmal aß ich nur gekochte Eier, das nächste Mal versuchte ich es mit Sauerkraut."

„Und, hat es etwas genützt? Hast Du abgenommen, Kevin?"

„Natürlich habe ich abgenommen."

„Äh, entschuldige, aber das sieht man gar nicht."

„Werde mal nicht frech, Patrick. Du hast gut reden, Du bist noch jung. Ab einem bestimmten Alter ist es nicht mehr so einfach, abzunehmen."

„Quatsch. Das hat damit nichts zu tun. Das liegt an der Diät."

„Du kennst DIE Diät, mit der man abnehmen kann?"

„Wofür willst Du überhaupt abnehmen, Kevin?"

„Mein Body-Maß-Index ist zu hoch, warum denn sonst?"

„Kokolores. Wenn Du Dich gut fühlst, brauchst Du auch nicht abnehmen."

„Liebe Zuschauerinnen und Zuschauer, werfen Sie ihre Diätpläne in den Müll oder noch besser in den Kamin, dann sind sie wenigstens noch zu etwas dienlich. Das ist eine sensationelle Erkenntnis, Patrick. – Regie: Checkt doch mal kurz ab, ob das irgendwelchen juristischen Ärger geben könnte. – Nein, nicht jetzt, natürlich! Bis zur nächsten Sendung.

Patrick, dem Thema Diäten müssen wir unbedingt eine Sondersendung widmen. Aber jetzt zurück zu Deinem Dessert. Du hast also den Joghurt ..."

„Nein, eben nicht, Kevin. Ich habe hier saure Sahne mit 10 % Fett. Das ist reine saure Sahne mit sonst gar nichts."

„Na, Patrick, Du willst jetzt nicht, daß unsere Zuschauerinnen und Zuschauer saure Sahne essen, oder?"

„Nun, theoretisch geht das natürlich auch. Saure Sahne hat einen schönen Eigengeschmack. Doch wir wollen ja ein Dessert zubereiten. Deshalb habe ich hier frische Heidelbeeren."

„Zeig mal her. Die sind ja rund. Also, Du hast völlig recht. So etwas habe ich im Heidelbeerjoghurt noch nicht entdecken können. Wie geht es jetzt weiter?"

„Ich gebe die saure Sahne in eine kleine Schüssel. Dazu gebe ich dann ein halbes Schälchen der Himbeeren, die ich vorher gewaschen habe. Zum Schluß süße ich mit zwei Eßlöffel Honig. Alles gut verrühren und fertig! Probier mal, Kevin."

„Liebe Zuschauerinnen und Zuschauer, was soll ich sagen? Das schmeckt wirklich sehr lecker und ganz anders als dieser Heidelbeerjoghurt aus dem Supermarkt. Ich wünschte, Sie könnten das auch probieren. Also, Patrick, ich bin begeistert. Ein schnelles Dessert ist in kürzester Zeit entstanden."

„Noch ein Tip für unsere Zuschauerinnen und Zuschauer: Je nach Saison kann natürlich jede Obstsorte verwendet werden. Im Frühjahr schmeckt das Ganze natürlich mit frischen Erdbeeren super, super lecker."

„Wieder einmal erhielten Sie wertvolle Tips von unserem Jungkoch Patrick. Schalten Sie nächste Woche ein, wenn es heißt ‚Kochen – wirklich leicht gemacht, dann unter dem Motto ‚Kochen mit Obst'.

KOCHEN – WIRKLICH LEICHT GEMACHT   KLAPPE/XVIII

>> Liebe Zuschauerinnen und Zuschauer! Ich begrüße Sie recht herzlich zu unserer 18. Sendung ‚Kochen – wirklich leicht gemacht'.

„Patrick, in unserer letzten Sendung hast Du ein super Heidelbeerdessert gezaubert. Die meisten Zuschauerinnen und Zuschauer wollten wissen, was für einen Honig Du verwendet hast. Aus den Zuschriften habe ich gelernt, daß es da unheimlich viele Sorten gibt. Akazienhonig, Waldhonig, Salbeihonig, Wabenhonig, Lindenblütenhonig und natürlich auch den bekannten Sonnenblumenhonig."

„Kevin, das ist prinzipiell egal. Jeder Honig eignet sich zum Süßen eines Desserts."

„Frau Birgit Stefan aus Bad Steben will wissen, ob man auch Zucker verwenden kann."

„Sicher, man kann auch Zucker zum Süßen verwenden. Doch Honig ist gesünder."

„Liebe Zuschauerinnen und Zuschauer, wie immer erhalten Sie bei uns in der Sendung wertvolle Ratschläge. Patrick, irgendwie schwebt über uns immer das Thema Diät. Wir können es nicht verhindern. Wenn gegessen wird, wird wohl auch zugenommen. Zwischen beidem scheint ein unmittelbarer Zusammenhang zu bestehen."

„Kevin, so verkürzt kann man das nicht sagen. Genauso wenig, wie es stimmt, was Frau Möller in der letzten Sendung gesagt hat."

„Frau Möller?"

„Frau Edith Möller aus Pirmasens, die Hauswirtschafterin."

„Ich erinnere mich. Sie sagte, die Leute wollen keine Zeit zum Kochen aufwenden und trotzdem gut essen."

„Exakt, Kevin. Das ist so nicht ganz richtig. Klar, für Rouladen mit Rotkohl und Thüringer Klöße muß man einen bestimmten Zeitaufwand betreiben. Doch das ißt man auch nicht alle Tage. Das ist eher ein Sonntagsgericht."

„Patrick, es ist schön, daß Du als junger Mensch noch den Begriff Sonntagsgericht kennst. Meine Mami kochte immer nur sonntags ein Fleischgericht. Während der Woche gab es Suppen."

„Nein, Kevin, so meinte ich das nicht. Schnitzel mit Pommes und Salat, da ist auch Fleisch dabei. Als Sonntagsgericht würde ich das nicht bezeichnen. Ein Sonntagsgericht ist zeitlich aufwendiger als das, was man während der Woche kocht oder ißt."

„Heute darf ich im Studio den Diätexperten Rudolf Leinendecker aus Stade begrüßen. Patrick, bei dem heiklen Thema Diät können wir beide Unterstützung gebrauchen."

„Du vielleicht, ich nicht."

„Jetzt werde nicht pampig, Patrick."

„Wieso pampig? Schau doch mal Dich an und schaue mal mich an, Kevin."

„Liebe Zuschauerinnen und Zuschauer, so ist die heutige Jugend, vorlaut eben. Wir verzeihen dem Jungkoch, der in ein paar Jahren vielleicht auch anders aussieht als heute, und begrüßen herzlich Herrn Leinendecker. Herr Leinendecker, also, wenn ich mir Sie so anschaue, frage ich mich, weswegen Sie denn als Diätexperte durchgehen. Mit allem Respekt, wohlgemerkt. – Regie: Ihr bringt mir hier einen Diätexperten daher, der 150 kg wiegt? Ihr spinnt wohl! Ach, Ihr hattet kein Photo von dem Mann. Was macht Ihr eigentlich den ganzen Tag?"

„Haha, also, ich kann jetzt nicht behaupten, daß mich diese Frage sonderlich überrascht. Ein Diätexperte, der 148,5 kg wiegt, ist ja wohl der Witz."

„Nun, Sie nehmen mir die Worte sozusagen aus dem Mund."

„Kevin, wenn Sie jetzt hier jemanden sitzen hätten, der ‚normalgewichtig' wäre, würden Sie sich besser fühlen, richtig?"

„Herr Leinendecker, Sie scheinen Hellseher zu sein. Genau so ist es. Patrick, was sagst Du dazu?"

„Also Kevin, da muß man schon etwas toleranter sein. Ich kann ja im Restaurant auch nicht sagen, daß ein Gast zu dick ist, und ihn wieder nach Hause schicken, ohne ihm etwas zu kochen und zu servieren."

„Genau, Patrick, Sie haben es erfaßt. 60 % der Bevölkerung sind zu dick. Wenn die Restaurantbesitzer nur noch normal- oder untergewichtige Gäste bedienen würden, könnten sie quasi schließen."

„Herr Leinendecker, was genau qualifiziert Sie denn nun als Diätexperten?"

„Sehen Sie mich an! Ich habe alle Diäten ausprobiert."

„Liebe Zuschauerinnen und Zuschauer, also, ich bin sprachlos. So wie ich das sehe, also im wahrsten Sinne des Wortes, bringen Diäten gar nichts? Darf man das so sagen, Herr Leinendecker?"

„Im Großen und Ganzen: Ja!"

„Nun haben wir ja noch ganz schön viel Sendezeit. Können Sie vielleicht ausführen, welche Diäten Sie so ausprobiert haben?"

„Alle, die es so gibt. Das fing ja mit der Hollywood-Diät an. Diese völlig idiotische Diätwelle stammt aus Kalifornien."

„Aus den Vereinigten Staaten von Amerika? Genau dort leben die meisten übergewichtigen Menschen, soweit ich weiß."

„Kevin, da sind Sie richtig informiert. Das beweist nur, daß dieser Diätwahn nichts bringt. Er ist der Einstieg ins Übergewicht."

„Regie: Ich wollte eigentlich jemanden, der hier mit der neuesten Wunderdiät aufwartet. Habe ich mich da nicht deutlich ausgedrückt? Nein, habe ich nicht? Okay, kann sein. Darüber sprechen wir noch! –

Herr Leinendecker, können Sie unseren Zuschauerinnen und Zuschauern kurz erklären, was es mit der Hollywood-Diät auf sich hat? Auch wenn sie nicht funktioniert, sie hört sich zumindest glamourös an."

„Glamourös ist daran eigentlich gar nichts. Pro Tag darf man 1000 Kalorien zu sich nehmen. Eher Frau. Die Diät wurde entwickelt, um die weiblichen Stars in den Zwanzigerjahren des letzten Jahrhunderts leinwandtauglich zu machen."

„Was meinen Sie denn mit leinwandtauglich?"

„Dünn, Patrick, einfach nur dünn. Kennen Sie Marlene Dietrich?"

„Nein. Wer war das denn?"

„Eine Diva. Anfangs in Deutschland war sie, äh, wohlgenährt. Ja, so kann man sagen. Sie wanderte aus politischen Gründen in die USA aus. Danach wurde sie dünn. Das gilt auch für Ingrid Bergmann. Also, auch sie wurde dünn."

„Kevin, also mal ehrlich, ich fühle mich in dieser Sendung völlig fehl am Platz. Ich bin hier als Koch eingestellt. Wenn alle nichts essen, dann kann ich ja zu Hause bleiben!"

„Patrick, jetzt rege Dich nur nicht auf. Betrachte das als eine Art Geschichtsunterricht. Die Geschichte der Diäten oder so. Kann man das so nennen, Herr Leinendecker?"

„Absolut. Einmal nichts essen, das nennt man Fasten. Entschlacken. Das kennt schon das Christentum. Die Fastenzeit beginnt am Aschermittwoch."

„Was hat das mit einer Diät zu tun?"

„Gar nichts. Bei einer Diät wird ja etwas gegessen. Bei der Hollywood-Diät zum Beispiel keine Nudeln, kein Reis und keine Kartoffeln."

„Äh, Entschuldigung, Herr Leinendecker, es ging doch darum, was gegessen werden darf, und nicht um das, was nicht gegessen werden darf."

„Kevin, Sie haben völlig recht. Ich bin wohl etwas durcheinander. Das könnte daran liegen, daß ich etwas unterzuckert bin."

„Patrick, kannst Du kurzfristig helfen?"

„Aber sicher, Kevin. Ich habe hier noch einen Becher mit frischer saurer Sahne mit 10 % Fettgehalt und den Honig. So, das vermische ich kurz und reiche das nun Herrn Leinendecker. Herr Leinendecker, geht es Ihnen schon etwas besser?"

„Patrick, das schmeckt wirklich lecker, und mir geht es auch schon viel besser. Also, ich komme noch einmal auf die Hollywood-Diät, die Mutter aller Diäten und des Jo-Jo-Effekts zurück. Wenig Fett, wenig Salz, keine Kohlenhydrate in Form von Zucker oder Honig."

„Herr Leinendecker, leider muß ich Sie kurz unterbrechen. Wir haben unsere Zuschauerin Frau Verena Michels aus Krefeld in der Leitung. Frau Michels, welche Frage möchten Sie an wen richten?"

„Diese Hauswirtschafterin aus der letzten Sendung, die ist doch in Rente, oder?"

„Frau Michels, ich bin jetzt etwas irritiert. Wie kommen Sie denn darauf? Um ehrlich zu sein, ich weiß nicht, ob Frau Möller in Rente ist oder nicht. – Regie: Können wir das Alter der Anruferinnen mit einblenden? Anrufer haben wir ja nicht. Nein, können wir nicht? Warum denn nicht? Aha, die Damen weigern sich, ihr Alter bzw. ihr richtiges Alter anzugeben. Okay. Verstanden. War eine blöde Idee. Vergeßt es."

„Diese Frau Möller scheint ja pro Tag stundenlang Zeit zu haben, um ihre Lieben zu bekochen. Falls sie denn irgendwelche Lieben hat. Ich vermute, sie ist eine alte Jungfer mit einem Gesundheitsfimmel."

„Frau Michels, darüber vermag ich nichts zu sagen. Frau Möller meinte nur, wenn man wenig Zeit ins Kochen investiert, kommt auch nichts Gescheites dabei raus."

„Kevin, also, jetzt muß ich mal Frau Michels in Schutz nehmen. Natürlich kann man in kurzer Zeit etwas Gutes kochen. Das steht doch außer Frage. Wozu machen wir eigentlich diese Sendung?"

„Patrick, super, daß Du das erwähnst. Was gibt es denn heute zum Essen?"

„Gleich wirst Du mir sagen, daß wir nur noch zehn Minuten Zeit haben."

„Nicht ganz korrekt. Wir haben noch acht Minuten!"

„Herr Leinendecker, können Sie etwas empfehlen? Allerdings wird das an den Zutaten scheitern. In diesem Studio gibt es nur Wasser, soviel habe ich nach 17 Sendungen gelernt."

„Nun, als ich mich auf die Sendung vorbereitete, habe ich einmal die Zutaten für so ein Gericht aus der traditionellen Hollywood-Diät mitgebracht. Ich habe hier eine Hähnchenbrust, die ohne Fett angebraten wird."

„Ohne Fett? Also, Herr Leinendecker, das schmeckt doch nicht!"

„Darum geht es ja auch nicht."

„Das haben Sie treffend gesagt, Herr Leinendecker. Bei einer Diät sollen die Leute leiden."

„Eine Diät ist Quatsch. Aber fahren wir fort. Patrick, Sie braten jetzt diese Hähnchenbrust an. Auf jeder Seite drei Minuten. Währenddessen richten wir die Teller an. Ich habe hier eine frische Ananas. Pro Person gibt es eine dünne Scheibe. Ananas aus der Dose sind ungeeignet, weil sie leicht gesüßt sind. So, meine Herren, nun hoffen wir, daß ich eine frische und süße Ananas erwischt habe. Das ist eher unwahrscheinlich. Die Ananas, die hier verkauft werden, sind meist unausgereift. Sei es drum, wir werden es versuchen. Dann habe ich noch ein paar frische Shrimps. Neun, um genau zu sein. Die braten Sie nun auch ohne Öl an. Zwei Minuten, wenden und dann noch einmal zwei Minuten, dann sind die Shrimps gar."

„Also, Herr Leinendecker, ich weiß auch nicht. Hähnchenbrust, Shrimps und Ananas? Ohne alles? Daraus könnte man auch etwas anderes machen."

„Was denn, Patrick?"

„Shrimps-Cocktail, zum Beispiel. Man nimmt Mayonnaise, Ketchup und Cognac. Alles gut verrühren und die Shrimps hinzufügen. Ananas passen da nicht so gut. Mandarinen aus der Dose eignen sich besser. Die Hühnchenbrust würde ich gut würzen, in Öl anbraten und dazu einen Feldsalat reichen."

„Tja, Patrick, das wäre es wohl gewesen. Leider müssen wir nun mit einer trockenen Hähnchenbrust, saurer Ananas und drei verbratenen Shrimps Vorlieb nehmen."

„Du sagst es, Kevin. Du warst ja derjenige, der diese blöde Diät-Sondersendung machen wollte. Das bringt doch nichts!"

„Sie sagen es, Patrick. So, nun teilen Sie die Hühnerbrust in drei Teile, und dann schauen wir mal, was wir mit unseren Sehhilfen noch auf dem Teller erkennen können."

„Herr Leinendecker, wer soll denn davon satt werden? Gibt es wenigstens Baguette dazu? Auch ohne Sehhilfe, die ich noch nicht brauche, sehe ich herzlich wenig auf dem Teller."

„Um Himmels Willen! Bei der Hollywood-Diät sind Kartoffeln, Reis, Nudeln und natürlich auch Brot verboten! Das Brot vergaß ich vorhin zu erwähnen. Und satt werden soll man davon auch nicht. Satt wird man von 2.000 bis 2.500 Kalorien pro Tag, keinesfalls von 1.000 Kalorien."

„Herr Leinendecker, das ist ja eine künstliche Mangelernährung, so wie sie unsere Zuschauerinnen und Zuschauer schilderten, die noch den 2. Weltkrieg miterlebten."

„Kevin, jetzt hör endlich mal mit den Kriegsgeschichten auf! Das ist ja nicht mehr zum Ertragen!"

„Nun, Patrick, der Vergleich ist gar nicht schlecht. Im Krieg und nach dem Krieg gab es Lebensmittelmarken. Kalorien wurden akribisch gezählt."

„Herr Leinendecker, Kalorienzählen ist doch Mist. Jetzt probieren wir mal dieses ‚super' Gericht, an dem wohl schon die Hollywood-Diven fast verhungerten!"

„Also Kevin, das schmeckt doch nach nichts. Entschuldigung, Herr Leinendecker."

„Patrick, ich gebe Ihnen unumwunden recht. Stellen Sie sich nun vor, Sie müßten das oder etwas Ähnliches vier Wochen essen!"

„Ein Horror! Da könnte ich ja gleich meinen Beruf an den Nagel hängen!"

„Patrick, jetzt beruhige Dich wieder. Wenn Sie sich wundern sollten, liebe Zuschauerinnen und Zuschauer, wir haben unsere Sendezeit überzogen. Die erste Staffel der beliebtesten Kochsendung Deutschlands ‚Kochen – wirklich leicht gemacht" ist zu Ende. Der Sender hat uns noch einige Minuten zugestanden, um letzte Worte an die Zuschauerinnen und Zuschauer zu richten. Herr Leinendecker, was war Ihr Eindruck von unserer Sendung?"

„Die Sendung ist prima, und ich wünsche alles Gute für die nächste Staffel."

„Patrick, wirst Du wieder dabei sein?"

„Aber sicher, Kevin. Allerdings würde ich gerne mal etwas Richtiges kochen."

„Patrick, ich habe keine Ahnung, wovon Du redest. Doch ich würde mich freuen, wenn Du bei der nächsten Staffel wieder dabei bist. Liebe Zuschauerinnen und Zuschauer, während wir pausieren, können Sie sich ja ab und zu ein Butterbrot schmieren und mit Käse belegen. Ich wünsche unseren treuen Zuschauerinnen und Zuschauern eine gute Nacht." <<

Menü-Ende

www.tredition.de

Über tredition

EIN EIGENES BUCH VERÖFFENTLICHEN

tredition wurde 2006 in Hamburg gegründet. Seitdem hat tredition mehrere tausend Buchtitel veröffentlicht. Autoren veröffentlichen in wenigen leichten Schritten gedruckte Bücher, e-Books und audio-Books. tredition hat das Ziel, die beste und fairste Veröffentlichungsmöglichkeit für Autoren zu bieten. tredition wurde mit der Erkenntnis gegründet, dass nur etwa jedes 200. bei Verlagen eingereichte Manuskript veröffentlicht wird. Dabei hat jedes Buch seinen Markt, also seine Leser. tredition sorgt dafür, dass für jedes Buch die Leserschaft auch erreicht wird.

Im einzigartigen Literatur-Netzwerk von tredition bieten zahlreiche Literatur-Partner (das sind Lektoren, Übersetzer, Hörbuchsprecher und Illustratoren) ihre Dienstleistung an, um Manuskripte zu verbessern oder die Vielfalt zu erhöhen. Autoren vereinbaren direkt mit den Literatur-Partnern die Konditionen ihrer Zusammenarbeit und partizipieren gemeinsam am Erfolg des Buches.

Das gesamte Verlagsprogramm von tredition ist bei allen stationären Buchhandlungen und Online-Buchhändlern wie z. B. Amazon erhältlich. e-Books stehen bei den führenden Online-Portalen (z. B. iBookstore von Apple oder Kindle von Amazon) zum Verkauf.

Jetzt ein Buch veröffentlichen: **www.tredition.de**

EINE BUCHREIHE ODER VERLAG GRÜNDEN

Seit 2009 bietet tredition sein Verlagskonzept auch als sogenanntes "White-Label" an. Das bedeutet, dass andere Personen oder Institutionen risikofrei und unkompliziert selbst zum Herausgeber von Büchern und Buchreihen unter eigener Marke werden können. tredition übernimmt dabei das komplette Herstellungs- und Distributionsrisiko.

Zahlreiche Zeitschriften-, Zeitungs- und Buchverlage, Universitäten, Forschungseinrichtungen, u.v.m. nutzen diese Dienstleistung von tredition, um unter eigener Marke ohne Risiko Bücher zu verlegen.

Alle Informationen im Internet: **www.tredition.de/Buchverlage**

tredition wurde mit mehreren Innovationspreisen ausgezeichnet, u. a. Webfuture Award und Innovationspreis der Buch-Digitale.

tredition ist Mitglied im Börsenverein des Deutschen Buchhandels.